KB075324

집에서 하는
몬테소리 놀이 150

자존감과 사회성을 기르는

집에서 하는
몬테소리
놀이 150

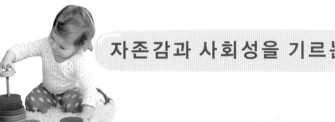

실비 데스클레브, 노에미 데스클레브 지음
안광순 옮김

Uí 유아이북스

유아들은 밝은 미래로 나갈 수 있는
미지의 힘을 가지고 있다.

− 마리아 몬테소리 −

한국 독자들에게

이 책은 저와 제 딸 노에미 데스클레브가 함께 저술하였습니다. 저희는 프랑스 몬테소리 학교의 설립자이자 교장으로 둘 다 오랜 세월 동안 교사와 강사로 일하고 있습니다.

저는 30년 전, 저의 다섯 아이들을 위해 몬테소리 학교를 설립했습니다. 유치원부터 고등학교까지 반을 구성했는데 이는 당시 프랑스 최초였습니다. 저는 여기에서 25년 이상 여러 수준의 반에서 아이들을 가르쳤습니다.

이러한 경험을 통해 만 0~3세, 3~6세, 6~12세, 12~15세 등 연령별 학습 프로그램과 연령별 수업 교구를 개발했습니다. 2017년에는 '몬테소리 교육 과정Apprendre Montessori'이라는 직업교육 프로그램을 개설해 현재까지 약 2000여 명을 대상으로 교육하였습니다. 수많은 현직 프랑스 공립학교와 사립학교의 교사들이 제 교육 프로그램을 수강했고, 이를 통해 많은 학생들의 교육에 영향을 끼쳤다고 볼 수 있습니다.

저는 몬테소리 교육에 관한 많은 전문 서적을 저술했습니다. 또한 아이들이 보는 책으로 《나의 작은 몬테소리책Les Petits Montessori》 시리

즈를 약 열다섯 권 정도 썼는데 이는 수년 전부터 프랑스 출판계에서 해당 분야의 선두를 달리며 큰 성공을 거두었습니다.

제 딸 노에미 데스클레브는 유치원에서부터 고등학교 과정을 모두 몬테소리 학교에서 교육받았습니다. 대학 교육을 마친 후 몬테소리 학교를 설립해 교장을 역임하며 유치원부터 중등 교육과정의 학생까지 교육하고 있습니다. 각 과정에는 20명에서 140명 정도의 학생이 있습니다. 노에미는《나의 작은 몬테소리책》시리즈를 저와 공동으로 저술하였고, 몬테소리 교육 프로그램, 특히 우주 교육 프로그램의 개발자이기도 합니다. 그녀 역시 아이를 키우는 엄마로 현재 딸 하나를 몬테소리 교육으로 키우고 있습니다.

이 책은 몬테소리 학교의 창립자, 교사, 전문 강사, 부모와 아이의 동행자로서 모든 연령대를 아우르는 저희들의 길고 긴 몬테소리 교육 경력을 통해 얻은 열매입니다.

저희는 몬테소리 교육에 대한 하나의 비전을 가지고 책을 저술했습니다. 이 책에 나와 있는 모든 놀이들은 실제 프랑스의 몬테소리 유아원, 유치원, 학교, 가정에서 이미 실시되고 있습니다. 몬테소리 교육 원칙을 엄격하게 준수하며, 성실하고 세밀하게 아이들을 관찰하고 분석한 결과를 담았습니다.

이 책을 통해 한국의 부모님들도 집에서 아주 쉽게, 큰 비용을 들이지 않고도 아이의 연령대에 맞는 몬테소리 교육을 할 수 있습니다. 특히 기본 품성인 자신감, 집중력, 자발성을 키워 주는 데 많은 도움이 될 것입니다.

실비 데스클레브

6부 문화 영역 놀이 199

 끝내면서 266

 부록 운동신경을 길러 주는 놀이감들 271

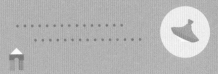

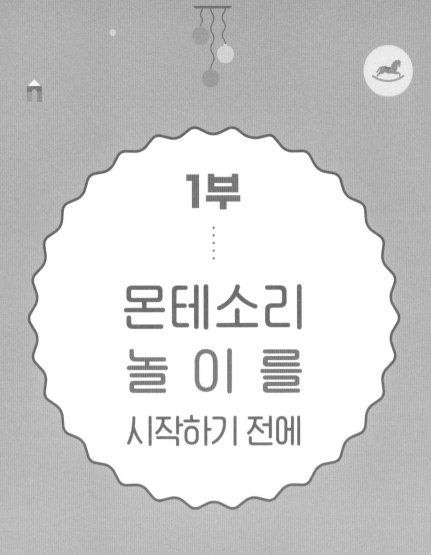

1부

몬테소리
놀 이 를
시작하기 전에

몬테소리 교육법의 창시자인 마리아 몬테소리Maria Montessori는 학교에서 이뤄지는 공교육을 중요하게 생각하면서도 유아기만큼은 특히 부모를 통한 교육이 더 중요하다고 강조했습니다.

태어나서 3살이 되기까지 3년이라는 기간은 한 사람의 인생에서 매우 중요한 시기다. 변화, 적응, 실행 등 아이들은 이 시기에 인생에 필요한 많은 것들을 배운다. 이러한 점에서 0세부터 3살까지가 3살부터 죽을 때까지보다 교육적인 면에서 더 중요하다고 할 수 있다. 이 기간 동안에 아이들의 배움에 대한 욕구는 아주 강렬하다. 미래에 큰 영향을 미치지 않을 것이라며 무시하면 안 된다.

- 마리아 몬테소리

마리아 몬테소리는 1870년 이탈리아에서 태어난 유명한 교육학자로, 26세에 그녀는 이탈리아 최초의 여성 의사가 되었습니다. 그리고 심신 장애아 교육에 몸담으면서 아이들에게 성장을 위한 활동과 지능 향상을 위한 손길이 필요하다는 것을 발견했습니다. 그녀는 지적 장애아 교육의 발전에 시초가 된 세강Seguin과 이따르Itard의 농아 교육과 야생아 교육에 바탕을 두어 교육도구를 만들었습니다. 그녀의 새로운 교구를 통해 아이들은 단기간에 엄청난 향상을 보였습니다. 마리

마리아 몬테소리는 1870년 이탈리아에서 출생한 유명 교육학자다.

아 몬테소리는 이 방법을 일반적인 아이들에게 적용하는 방안을 창안했습니다.

1907년, 그녀는 '어린이의 집Casa dei Bambini'을 열었습니다. 3세부터 6세까지의 학교 교육을 받지 못했거나, 로마 인근 낙후 지역의 거리에 방치된 아이들을 모아 돌보았습니다.

어린이의 집에서 그녀는 수많은 관찰을 통해 의미 있는 교육적 발견을 할 수 있었습니다. 그래서 그곳은 단순히 보호 기관을 넘어 그녀만의 몬테소리 교육을 창안하는 교육학 연구소가 됩니다.

한 해 동안 그녀가 교사를 양성한 수많은 어린이의 집들이 문을 열었습니다. 그녀는 쉬지 않고 아이디어와 교육도구를 다듬어 발전시켰고, 이윽고 유럽의 다른 나라들과 미국으로도 몬테소리 교육이 확장되어 나갔습니다.

1934년에 그녀는 파시즘의 억압을 피해 스페인으로 망명했습니다. 하지만 스페인에서 내전을 맞는 바람에 다시 영국과 네덜란드로 이주했습니다. 또 인도에 거주한 적도 있어서, 제2차 세계대전 동안 간디와 네루, 타고르를 만나기도 하고 그곳에 많은 학교를 설립했습니다.

1952년, 유럽으로 돌아온 마리아 몬테소리는 네덜란드에 정착해 82세에 세상을 떠났습니다. 그녀가 세상을 떠난 후에는 아들 마리오가 그녀의 업적을 이어갔습니다.

현재 전 세계에 몬테소리 학교는 2만 2000여 개에 이릅니다. 많은 유명인사들이 몬테소리 교육을 받았는데, 대표적인 인물들은 아래와 같습니다.

- 구글의 공동창업자 래리 페이지Larry Page와 세르게이 브린Sergey Brin
- 아마존 창업자 제프리 베조스Jeffrey Bezos
- 워싱턴포스트지의 발행인이자 소유주인 캐서린 그레이엄Katharine Graham
- 노벨문학상 수상자 가브리엘 가르시아 마르케스Gabriel Garcia Marquez

마리아 몬테소리는 아이들에게 정의, 조화, 사랑의 가치를 보장하는 것이 자신의 사명이라고 생각했고, 교육만이 그 가치를 통해 새로운 세상과 평화를 이룩하는 길이라고 여겼습니다.

그녀가 수많은 관찰을 통해 첫 번째로 발견한 것은 아이들의 주의력에 대한 중요성이었습니다. 그녀의 저서 《흡수정신 The Absorbent Mind》에서 "아이들이 처음으로 찾아내는 것은 집중력이고, 이것의 열매는 사회성이다"라고 밝혔습니다.

마리아 몬테소리가 가장 처음으로 발견한 것은 아이들의 집중력에 대한 중요성이었다.

모든 것은 아이들의 집중력을 길러줄 수 있도록 준비되어야 하고, 집중력의 발달은 아이들이 살아가는 데 모든 부분에 있어 도움이 된다는 것을 깨달았습니다.

두 번째로 발견한 개념은 민감기입니다. 마리아 몬테소리에 따르면 아이들은 각각 자기만의 성격과 생활 주기가 있고, 가진 재능도 다릅니다. 각자 잠재적으로 문제를 가지고 있을 수도 있고, 민감기를 겪는 시기도 다릅니다.

아이들은 이 시기에 특별한 감각으로 모든 것을 흡수합니다. 이 최적의 시기에 아이들의 흡수정신을 발전시켜 줄 수 있는 알맞은 환경을 만들어 주면 아이들은 아주 쉽게 모든 것을 흡수하고 안정감을 느낍니다. 하지만 이 시기는 지나가버리는 것이어서 한번 지나가면 같은 학습 효과를 얻기가 어렵습니다. 이에 대해 그녀는 "아이가 민감기의 원리에 따르지 못하였다면 발달의 기회를 놓치며, 이는 한번 놓치면 영원히 사라진다"라고 말했습니다.

마리아 몬테소리는 아이들이 경험을 통해 주변 환경을 탐험하는 타고난 재능을 가지고 있다는 것을 발견했습니다. "모든 것에 호기심이 많고, 놀라울 정도의 집중력이 있으며, 스펀지가 물을 흡수하듯이 모든 것을 흡수할 준비가 되어 있다"는 것이 아이들에 대한 그녀의 신념입니다.

이것을 흡수정신이라고 합니다. 흡수정신은 아이들이 무한한 학습 능력이 있다는 것을 보여 줍니다. 어른들은 아이들이 어떤 민감기를 지나고 있는지 파악하고, 그 특성에 맞도록 아이들이 배우고 발달할 수 있는 최적의 환경을 만들어 주어야 합니다. 민감기의 세부적인 특성에 맞도록 교육도구들을 정확하게 설명해 줄 수 있어야 합니다.

민감기는 아래와 같이 나뉩니다.

- 언어의 민감기(2개월에서 6세)
- 동작의 민감기(12개월에서 약 4세)
- 질서와 탄생의 민감기(약 6세)
- 감각의 세련화, 근원에 대한 민감기(약 5세)
- 사회적 행동에 대한 민감기(2.5세에서 6세)

아이들이 어떤 민감기에 해당하는지 파악하는 것은 어렵지 않습니다. 예를 들어 아이들이 글을 배우는데 흡수정신을 보인다면 언어의 민감기에 속하며, 이 시기에 아이들은 이 글자는 무슨 뜻이고 저 글자는 무슨 뜻인지 쉬지 않고 물어봅니다. 또 단어의 조합도 궁금해하여서 물건에 붙어 있는 상표나 길가의 표지판의 뜻을 알려고 애씁니다. 그리고 숫자에 민감할 때는 장난감이나 걸음 수, 바구니에 들어 있는 사과 등 눈에 보이는 것은 다 세려고 합니다.

여기서 주의할 것! 어떤 민감기를 만들어 내거나, 기간을 연장하거나, 나중으로 미루거나, 없애는 것은 불가능합니다. 다만 각각의 민감기를 받아들이고 적절한 분위기를 조성해 주어야 합니다.

마리아 몬테소리는 유아의 발달 단계를 단계별로 정의 내립니다. 흡수정신 이론에 따르면 0세부터 3세까지는 정신적 태아기입니다. 이때 아이들은 고도의 흡수정신을 나타냅니다. 마리아 몬테소리는

"유아들은 밝은 미래로 나갈 수 있는 미지의 힘을 가지고 있다"라고 하였습니다.

0세부터 3세까지 아이들은 고도의 '흡수정신'을 타고난다.

아이들이 모든 것을 배우는 이 시기에 어른이 해 주어야 할 일은 유아들이 학습할 수 있는 모든 요소를 갖춘 최적의 환경을 만들어주는 것입니다.

아이를 제대로 관찰하는 일은 아주 중요하지만 어려운 일입니다. 그들을 관찰할 때는 아기를 귀엽게 바라보고 싶은 마음은 잊어버리고 객관적으로 살피는 것이 중요합니다.

유아교육에 있어 어른들의 역할에 대한 마리아 몬테소리의 큰 원칙 중 하나는 아이들을 '준비된 어른', '준비된 환경', '책임이 있는 자유'에 바탕을 두고 살게 하는 것입니다.

준비된 어른

어른으로써 가장 먼저 준비해 주어야 하는 것은 자제력과 정돈된 삶의 모델이 되어주는 것입니다.

아이들이 질서에 대한 민감기를 보내고 있을 때는 어른이 질서 정연한 환경을 만들어 주어야 합니다. 이는 아이의 건강한 정신 발달에 도움이 됩니다.

자기절제와 정돈된 삶을 보여 주는 모델이 되기

준비된 환경

　몬테소리 교육의 환경은 아이의 재능을 발전시키도록 집중할 기회를 줄 수 있어야 합니다. 이런 환경은 자연적으로 생기는 것이 아니라 만들어 주어야 하는 것입니다.

　어른들은 아이들에게 호의적인 태도를 보여야 하고, 어린이의 발달에 대한 과학적 지식이 준비되어야 합니다. 이 환경은 건설적인 활동을 위한 재료들이 갖추어져 있어야 함은 물론이거니와 더 중요한 것은 사랑이 가득해야 합니다. 사랑이 없는 이해는 아무것도 아니기 때문입니다.

　물건들의 사용 방법을 보여 줄 때는 바른 사용법을 알려 주어야 합니다. 아이가 자기 주변에 무슨 일이 일어났는지 관찰하면서 배우기 때문에 교사(또는 부모)가 모델이 되는 것입니다.

교육도구

　부모가 집에서 몬테소리 교육의 환경을 만들고자 할 때 다음과 같은 점에 주의해야 합니다.

- 주요한 교육도구들은 아이들이 옮길 수 있는 우드트레이(나무쟁반)에 둡니다. 이 재료는 항상 미적으로 보기에 좋고, 다 갖추어져 있어야 하며, 아이들이 배우기를 원할 때 언제든지 교육할 수 있어야 합니다.

- 교육도구들은 아이들의 손이 닿는 곳에 있어야 하고, 교육 영역별로 정돈이 되어 있어야 합니다. 각 교육 영역은 다음과 같습니다.
  - 일상생활 영역
  - 감각 영역
  - 수 영역
  - 언어 영역
  - 문화 영역(역사, 지리, 과학 등)

- 몬테소리 교육도구들만을 모아 둔 공간이 필요하고, 아이의 다른 장난감과 섞이지 않게 주의해야 합니다. 몬테소리 교육을 위한 방을 만들어 주어도 되고, 그렇지 않으면 수납할 수 있는 선반을 하나 또는 여러 개 준비합니다. 선반에 준비물을 담은 우드트레이나 바구니를 수납하되 카테고리별로 섞이면 안 되고, 한번 제대로 정리가 되면 자리가 바뀌어서도 안 됩니다.

- 어른이 아이에게 보여 줄 교육도구만 배치해 두어야 합니다. 이는 아이들이 사용 방법을 모른 채 아무렇게 사용하거나, 추구하는 교육 목적에 맞지 않게 사용하는 경우를 방지하기 위함입니다.

- 아이들이 여러 명일 경우, 각자의 아이들의 수준에 맞게 발전할 수 있도록 교육도구를 준비해야 할 것입니다.

- 준비한 활동에 맞는 도구를 쉽게 찾고, 활동 후에 아이들이 올바른 장소에 정리할 수 있도록 하기 위해 선반에 좌표나 표시 등으로 나타내 두는 것도 중요합니다.

- 교육도구들은 놀이 전이나 후가 항상 똑같이 처음 상태대로 정리되어 있어야 합니다. 그래서 아이들이 우드트레이나 바구니를 바른 장소에 정리할 수 있도록 도와줍니다.

- 같은 활동에 필요한 도구들을 여러 개의 우드트레이나 바구니에 담아서는 안 됩니다. 아이가 다른 아이가 하는 활동과 같은 것을 하기를 원할 경우에 기다리는 법을 배워야 하기 때문입니다.

- 우드트레이나 바구니는 주기적으로 바꿔 주어야 하지만 매일 바꿀 필요는 없습니다. 왜냐하면 아이들은 반복을 통해서 배우므로, 같은 재료들로 여러 번 반복해서 학습해야 하기 때문입니다. 아이가 어느 정도 잘하고 있는지, 교육도구들에 만족하고 있는지 잘 관찰해야 합니다.

- 아이에게 너무 어려운 교육도구를 무리해서 교육하려고 하지 말아야 합니다. 아이가 한번 실패하면 자신감을 잃고 다시 시도하는 것을 두려워하게 되기 때문입니다.

- 아이를 잘 관찰해서 한 가지 도구 사용법을 완전히 익힌 후에 다른 추가적인 과제를 제시해 줍니다.

- 교육도구를 준비할 때 한 번에 한 가지의 과제만 해야 합니다. 이 것은 아이가 스스로 문제를 깨닫고 스스로 해결하는 훈련을 하는 데 중요합니다.

- 실수를 했을 때는 아이 스스로가 실수를 깨닫고, 자신의 힘으로 오 류를 고쳐 나가면서 발전할 수 있도록 실수를 관리해야 합니다.

이 원칙들(잘 정돈된 도구, 과제는 한 번에 한 가지씩만, 실수 관리)을 염두에 두면 집에서도 실제 몬테소리 학교 못지않게 교육할 수 있 습니다.

이를 통해 아이들이 몬테소리 학교에서 교육을 받지 않아도 같은 교육 목적을 달성할 수 있게 합니다. 몬테소리 놀이의 교육 목적은 다 음과 같습니다.

- 자율성 기르기
- 집중력 기르기
- 자신감 기르기
- 운동성 기르기
- 감각 기르기
- 세상에 대해 알아가기

놀이 소개

교육에 있어 말보다 어른의 행동이 매우 중요합니다.

* 아이가 놀이를 하고 있을 때 도중에 그만두게 하거나 아이가 더 깊이 있게 알고자 하는 바를 막는 것은 절대로 안 됩니다. 물론 아이가 편집증적인 모습을 보이면서 과도하게 집중하면 다른 활동으로 관심을 돌릴 수는 있습니다.

* 절대로 신경질을 내거나 한숨을 쉬거나 마음을 상하게 하는 말을 해서는 안 됩니다. 어떤 말을 한마디 할 때마다 아이의 마음을 상하게 하지는 않을지 신중한 단어 선택이 필요합니다. 아이가 한번 속이 상하면 다른 활동을 시도하지 않으려고 하기 때문입니다.

* "잘못했어" 또는 "틀렸어"라는 말을 절대로 해서는 안 됩니다. 아이가 논리와 창의성을 길러 나가도록 스스로 해결책을 찾게 두어야 합니다.

아이와 함께 할 수 있는 시간을 정하는 것과 아이와 함께 놀이를 하는 것이 아주 즐겁다는 모습을 열정적으로 보여 주어야 합니다.

아이에게 새로운 교육도구를 보여 줄 때는 다음과 같은 사항에 주의해야 합니다.

- "네가 원하면, 내가 이것을 너에게 보여 줄게"라며 아이를 놀이에 초대합니다.

- 아이와 함께 선반에 가서 우드트레이나 바구니, 교육도구들을 가지고 옵니다.

- 우드트레이를 탁자 또는 매트 위에 놓습니다.

- 아이가 오른손잡이면 도구들을 오른쪽에 놓고, 왼손잡이면 왼쪽에 둡니다.

- 시연 도중에 말을 해서는 안 됩니다. 시연을 하기 전 "내 손이 어떻게 하는지 보렴"이면 충분합니다. 말을 해야 하는 상황이면 아주 낮은 목소리로 말합니다.

- 아이를 보며 웃어 주어야 합니다.

- 시연은 아주 천천히 해야 합니다. 아이가 이 놀이를 통해 배울 수 있는 것이 무엇인지 알 수 있도록 여러 단계를 거치면서 아주 천천히 보여 줍니다.

- 놀이하는 방법을 한 번 보여 주고 아이가 이어서 해 보게 하거나, 끝까지 하는 모습을 보여 준 다음 똑같이 해 보게 할 수 있습니다.

- 교육도구는 항상 처음 상태와 같이 정리정돈을 합니다. 아이가 놀이를 마치고 나면 우드트레이를 가지고 왔을 때와 같은 상태로 정

리하게 해야 합니다.

⬤ 교육이 끝나면, 부모가 우드트레이나 바구니에 있는 교육도구들을 사용할 때 쓰는 적절한 어휘들을 알려 주도록 합니다.

부모가 보여 주는 시연은 항상 이 같은 원칙을 따라야 합니다. 그래야 아이가 놀이를 흡수하기에 수월합니다.

시연이 끝나고 나서, 아이가 제대로 하지 못한다고 느껴질 때는 아무 말도 하지 말고 기록해 두었다가 다른 때에 다시 한번 해 보도록 시도합니다.

한편, 놀이를 한번 하고 나서 아이들이 계속해서 하고 싶어할 때는 원하는 만큼 하게 두어야 합니다. 아이가 실컷 가지고 놀고 나서 관심을 돌릴 때가 되면 그 교육도구를 치우고 다른 것을 하게 합니다.

> 놀이를 한번 하고 나서 아이들이 계속해서 하고 싶어할 때는 원하는 만큼 하게 두어야 한다.

아이가 놀이를 반복해서 하기를 원하지 않으면 도구를 정리합니다. 그 교육도구를 가지고 노는 것에 준비가 되어 있지 않거나 흥미가 없기 때문에 그런 행동을 보인 것입니다.

아이가 도구를 방법에 맞지 않게 아무렇게나 가지고 놀려고 하면 친절하게 유도해야 합니다. "이 물건들로 이 놀이를 할 수 없어. 이것을 정리하고 다른 것을 하자"라며 말입니다.

대화와 소통이 아이들의 성품을 발달하게 하고 행복한 아이로 자라게 합니다. 아이와 함께 놀이를 하는 것은 부모의 기쁨이기도 합니다. 아이가 날마다 발전하는 모습과 재능을 발견할 수 있으며, 약한 부분을 파악해 이를 향상시키는 데 도움을 줄 수 있습니다.

더불어 아이는 부모에 대한 큰 신뢰감이 생깁니다. 아이는 자신이 스스로 삶을 설계해 갈 때, 좋은 환경을 만들어 주는 너그러운 존재로 부모를 인식하며 명랑하게 자랄 것입니다. 또한 부모와 자녀 간의 조화로운 관계 형성을 할 수 있습니다.

2부

:

일상생활
영역 놀이

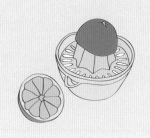

아이들은 일상에서 일어나는 모든 일에 어른들과 같이 하고 싶어 합니다.

일상생활에서 아이가 적당히 운동성을 기르고 나면 일상생활 영역 놀이를 시작할 수 있습니다. 일상생활에서 아이들은 손동작을 많이 할 것이고 이것은 균형 잡힌 품성과 전반적인 성장 발달을 도와줍니다. 손동작은 실제로 지능 발달에 도움을 줍니다. 특히 운동성 발달에 도움을 주고, 나중에 색연필을 쥐고 더 많은 활동을 할 수 있게 도와줍니다. 그래서 아이들에게 유아 시기에 엄지와 검지, 중지를 모아 물건을 잡는 훈련을 많이 시키는 것입니다.

일상생활 영역 놀이는 손동작이 많다. 이는 전반적인 성장과 균형 잡힌 품성 발달에 도움을 준다.

이런 동작은 자율성과 집중력, 질서, 자신감 발달 면에서 아주 중요합니다. 아이를 행복한 사람으로 기르려면 아이가 '자율적'이어야 합니다. 아이가 자율적인 사람이 되면 자기 스스로에 대해 긍정적인 이미지를 가지게 됩니다.

아이들은 끊임없이 배울 수 있습니다. 어른들은 어떤 목적을 달성하기 위해서 무언가를 하지만, 아이들은 무언가를 하는 것이 재미있어서 한다는 사실을 잊어서는 안 됩니다. 예를 들어 어른은 거울을 깨끗하게 만들기 위해 닦지만, 아이들은 닦는 자체가 재미있기 때문에 그 일을 합니다.

아이들은 스스로 해 보고 싶어 합니다. 어른들이 대신 해 주는 것을 원하지 않으며, 그들은 어른처럼 되기 위해서 배우고 싶어 합니다. 이때 아이들이 하는 활동들은 근본적이고 모든 나이에 적용할 수 있습니다. 이것이 살아가는 데 필수적인 능력들을 기르도록 도와주기 때문입니다. 물론 아이들의 나이에 따라 극복해야 하는 과제의 난이도를 높여 가면서 학습하게 합니다. (다만 한 가지 놀이를 할 때 수행해야 하는 과제는 딱 한 가지만이어야 한다는 원칙은 잊지 마세요.)

놀이 중, 특히 청소놀이는 숫자 감각 발달에도 영향을 미칩니다. 아이들에게 항상 잘 정돈하는 것이 요구되기 때문입니다. 예를 들어 거울을 닦는 놀이를 할 때는 순서를 잘 지켜야 합니다. 먼저 도구를 탁자 위에 둡니다. 거울 세정제를 묻히고, 면으로 닦고, 수건으로 닦아내고, 면봉으로 틈새를 청소하고, 마지막으로 마른 수건으로 마무리합니다. 이렇게 순서대로 활동을 함으로써 아이들은 이성적인 사고와 올바른 방법으로 일하는 방법을 익히게 됩니다.

일상생활 영역 놀이는 순환적으로 해야 합니다. 다시 말해 처음과 중간, 끝이 있어야 합니다. 아이에게 시범을 보여 주기 전에 부모가 먼저 여러 번 해 봐야 합니다. 아이들이 흥미있어 할 만한 것을 파악하고, 실현 가능성이 있는지도 미리 파악해야 합니다. 예를 들어 곡식을 숟가락으로 옮기는 놀이를 할 때, 준비한 숟가락이 곡식을 전부 옮기는 데 지장이 없는 크기인지 미리 놀이를 해 보면서 이상 여부를 확인해야 합니다.

또한 부모가 실제로 아이 앞에서 시연을 할 때는 아주 능숙해야 하고, 아이들 눈에 따라 하기 쉬워 보인다는 생각이 들어야 합니다.

특히 약 15개월 정도 되는 아기의 경우라면 놀이가 아주 간단해야 합니다. 한 가지 놀이를 마치고 다음 놀이로 넘어가려면 반드시 전에 한 놀이를 완벽하게 끝낸 후에 다음 놀이로 넘어가도록 합니다. 예를 들어, 아이가 커서 국거리용 야채 손질을 도울 수 있게 하려면 그전에 야채를 씻고, 다듬고, 자르는 방법을 순서대로 먼저 배워야 하는 이치입니다. 씻기, 다듬기, 자르기를 한꺼번에 섞어서 가르치면 안 됩니다.

놀이 준비하기

❋ 아이들은 항상 새로운 놀이를 시도하는 것을 즐거워합니다. 일상 생활 영역 놀이는 쟁반이나 바구니를 먼저 준비해야 합니다. 아이들의 집중을 흩트리지 않기 위해서 나무로 된 쟁반(우드트레이)이나 흰색의 쟁반, 또는 무늬가 없는 단순한 것이 좋습니다. 사방에 손잡이가 달려있는 쟁반은 아기들도 옮기기가 쉽습니다. 도구들은 플라스틱 장난감이 아닌 실생활에 사용하고 있는 제대로 된 것을 준비해야 합니다. 아름답고 조화로운 물건들을 가지고 놀게 하는 것은 아이의 미적 감각 발달에 중요하고, 놀이도구가 담긴 쟁반에 더

관심을 갖게 만듭니다. 재료들의 종류도 나무, 도자기 등 다양하게 준비하는 것이 좋습니다.

◦ 교육도구를 담은 우드트레이가 너무 무겁지 않게 주의합니다. 너무 무거워서 떨어뜨리지 않도록 아이도 혼자서 들 수 있을 정도의 적당한 무게로 준비합니다.

◦ 우드트레이나 바구니는 선반 위에 정리해야 하는데 이때는 쉬운 것부터 어려운 것까지 순서대로 정리해야 합니다. 왼쪽부터 오른쪽, 높은 곳에서 낮은 곳 순서로, 난이도별로 정리합니다. 이 순서는 간접적으로 아이가 글을 쓰고 읽는 방향을 익히는 데 도움을 줍니다. 물론 글을 오른쪽에서 왼쪽으로 쓰고 읽는 문화에서는 당연히 오른쪽에서 왼쪽으로 정리하면 됩니다.

◦ 낡거나 더러워진 물건을 대체할 수 있도록 여분을 준비해 두는 것도 잊지 마세요. 예를 들어 작은 걸레나 가제 손수건 등은 여분이 필요합니다. 도구가 젖었을 때 말릴 수 있는 작은 건조대도 있어야 하겠습니다. 더 이상 사용할 수 없는 물건을 버릴 수 있는 휴지통도 준비해야 합니다. 또 아이가 물을 담을 수 있는 물통(피처), 사용한 물을 버릴 수 있는 작은 양동이도 있으면 좋습니다.

훈련 소개

● 우드트레이나 바구니는 일상생활 영역 놀이 전용 선반에 잘 정리 되어 있어야 합니다.

● 아이는 매트나 탁자에서 학습할 것입니다. 탁자가 좁아 공간이 부 족하면 아이가 놀이를 할 때 교육도구끼리 부딪히면서 소음을 낼 수 있으므로, 이런 경우에는 탁자 대신 바닥에 매트를 깔고 합니다.

● 놀이를 하기 전에 부모는 아이에게 "너는 내가 이 놀이를 하는 것 을 보여 주기 원하니?"라고 아이의 동의를 구해야 합니다. 아이가 동의하면 우드트레이를 가지고 와서 놀이를 시작합니다.

● 놀이 시연은 항상 아이와 가능한 한 최대한 가까이서 하되 손으로 가리지 않도록 해야 합니다. 물을 따르는 놀이를 제외하고는 항상 왼쪽에서 오른쪽, 높은 곳에서 낮은 곳 순서로, 즉 글을 읽고 쓰는 방향대로 하는 것을 원칙으로 정합니다.

● 시연을 하는 동안에는 아이에게 말을 하지 않습니다. 간단하게 "내 손이 어떻게 하는지 잘 지켜봐"라고만 합니다. 시연이 끝나면 "이 제 너도 할 수 있단다. 네가 원하는 만큼 여러 번 할 수 있어"라고 합니다. 실제로 아이들은 어른이 동작을 보여 주면서 동시에 말을 하면 한 번에 두 가지 일에는 집중할 수 없기 때문입니다.

- 놀이에 사용된 도구들은 항상 처음 상태를 유지해야 합니다. 아이가 왼쪽과 오른쪽, 두 번 다 해 보았다면 우드트레이를 선반에 도로 가져다 정돈해야 합니다.

- 놀이가 너무 길어지지 않게 한꺼번에 너무 많은 재료를 담지 않도록 주의합니다. 처음에는 조금만 넣고, 차츰 개수를 늘려가는 게 좋습니다. 아이가 놀이를 처음부터 끝까지 해내는 것이 중요하기 때문입니다. 예를 들어 숟가락으로 곡식을 옮기는 놀이를 한다면 처음에는 아주 적은 양으로 시작하는 것이 좋습니다.

- 연습은 개별로 해야 합니다. 다른 아이들도 지켜볼 수는 있지만 직접 해 보는 것은 따로 해야 합니다.

- 매트를 굴려서 말았다가 펼치는 놀이 또는 의자 옮기기 등 일상생활 영역 놀이의 소개를 먼저 보여 주고, 때로는 여러 번 보여 주어야 합니다. 왜냐하면 아이가 올바로 할 줄 알아야 하기 때문입니다.

- 매트 또는 우드트레이에 도구들을 놓는 방식은 아주 중요합니다. 아이가 질서 민감기를 겪고 있다면 아이와 함께 하는 모든 것이 질서 정연해야 합니다.

- 부모가 놀이 시연을 할 때는 항상 일정한 방식으로 해야 합니다. 그렇지 않으면 아이는 방식이 다르다는 것에 대해 스트레스를 느낍니다.

다양한 놀이 형태

일상생활 영역 놀이에는 6가지 놀이 형태가 있습니다.

- 도입 놀이는 놀이를 할 때 어른이 한번 시범을 보여 주는 것을 말합니다. 어른이 한번 제대로 보여 주어서 아이가 똑바로 따라 하게 하는 것입니다. 이를 통해 아이가 놀이를 올바르게 하도록 합니다.

- 운동력 놀이의 궁극적인 목표는 소근육 운동력(손과 손가락을 사용하는 세밀하고 작은 운동)을 기르기 위함입니다.

- 환경보호 놀이는 아이가 살고 있는 환경을 보존하는 법을 알 수 있게 합니다.

- 스스로를 돌보는 놀이는 아이의 자율성에 관한 모든 것을 길러 줍니다.

- 예의범절 놀이는 중요합니다. 아이들이 어릴 때 올바른 행동을 하게 되면 행복감을 느끼고 올바른 습관을 들일 수 있습니다.

- 바른 자세 익히기 놀이도 중요합니다. 어릴 때는 운동성이 최대로 발달할 수 있는 기간이기 때문입니다.

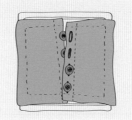

커다란 밀가루 반죽 옮기기

- 적정 연령 : 16개월
- 준비물
  - ◆ 큰 우드트레이 1개   ◆ 똑같은 모양의 우묵한 그릇 2개
  - ◆ 큰 반죽 덩어리(대략 6개)
  (반죽을 담은 그릇을 아이의 왼쪽에 둡니다.)

방법

1 선반에서 우드트레이를 찾으러 가면서 아이에게 이렇게 말합니다.
  "오늘 너에게 커다란 밀가루 반죽을 옮기는 것을 보여 줄게."
2 말은 하지 말고, 두 손으로 반죽 한 덩어리를 잡은 다음, 친친히
  다른 그릇으로 옮깁니다. 두세 번 반복합니다.
3 아이에게 차례를 넘겨 주며 이어서 해 보라고 제안합니다.
4 모든 반죽 덩어리를 옮겼으면, 반대 방향으로 바꾸어 계속합니다.
5 이렇게 말하면서 마칩니다. "이제 이 물건을 사용하는 방법을 알
  게 되었어. 네가 원하는 만큼 다시 해 볼 수 있단다."
6 아이가 활동을 끝내면 우드트레이를 선반
  위에 정리하게 하거나 같이 정리합니다.

　만약 아이가 반죽을 떨어뜨리면 자발적으로
그릇에 담도록 기다립니다. 만약 아이가 못할
경우 말은 하지 않고 반죽을 다시 담는 모습
만 보여 주세요.

♣ 쟁반 들기

- 적정 연령 : 18개월
- 준비물
  - 손잡이가 사방으로 나 있는 빈 우드트레이 1개
    (너무 크거나 무겁지 않은 것으로 준비합니다.)

방법

1. 우드트레이를 두 손으로 잡습니다. 한 손은 한쪽을 잡고 다른 한 손으로 반대쪽을 잡습니다.
2. 우드트레이를 둘 장소를 정합니다.
3. 아이에게 우드트레이를 들어 보라고 합니다.

   우드트레이 위에 도구를 올리거나 물을 담은 그릇을 놓는 등 조금씩 과제를 추가할 수 있습니다. 또 아이에게 빈 우드트레이를 들고 일자로 걷게 하거나, 물건을 올린 우드트레이를 들고 걷게 해 볼 수도 있습니다.

소주잔으로 곡식 옮기기

- 적정 연령 : 18개월
- 준비물
  - 우드트레이 1개
  - 소주잔 2개
  - 마카다미아 여러 개

방법

1 우드트레이를 두 손으로 천천히 탁자로 옮깁니다.

2 천천히 탁자 위에 우드트레이를 놓고 앉습니다.

3 마카다미아를 담은 소주잔을 보여 줍니다.

4 엄지, 검지, 중지로 이 소주잔을 잡습니다.

5 마카다미아가 담긴 소주잔을 빈 소주잔 위까지 오도록 옮겨 빈 소주잔에 받도록 합니다. (왼손 검지를 사용해 필요시 빈 잔을 받칩니다.)

6 내용물이 빈 소주잔에 잘 떨어지도록 잔을 천천히 흔듭니다.

7 마카다미아 알이 탁자나 바닥에 떨어졌다면 주워 올립니다. 이것은 '실수 관리법'을 배우기 위한 교육입니다.

8 방향을 달리하여 해 봅니다.

9 아이에게 해 보라고 제안합니다.

   무엇보다 중요한 것은 안전입니다. 아이가 마카다미아 알을 삼키지 않도록 주의를 기울이세요.

♣ 체로 탁구공 옮기기

- 적정 연령 : 18개월
- 준비물
  - ◆ 우드트레이 1개
  - ◆ 2개의 나무 그릇
  - ◆ 탁구공 8개
  - ◆ 체 1개

방법

1 우드트레이를 가져와서 탁자 중앙에 둡니다. 탁구공을 담은 나무 통은 왼쪽에, 빈 통은 오른쪽에 둡니다.

2 오른손 엄지와 검지, 중지를 모아 체를 잡고, 왼쪽 나무 그릇에 있는 탁구공을 하나씩 체로 건져내 오른쪽 빈 그릇으로 옮깁니다.

3 그릇 하나를 비우면 다른 방향으로 합니다.

4 아이가 스스로 해 보도록 합니다.

　아이가 이미 하는 방법을 터득했다면 시연을 끝까지 억지로 보게 하지 않아도 됩니다. 어른의 시연이 끝나기 전에 아이가 해 보고 싶어 할 경우에는 하게 둡니다.

🌸 스펀지 누르기

적정 연령 : 18개월

준비물
- 냄비 2개
- 피처 1개
- 스펀지 1개
- 방수 기능이 있는 테이블보
- 마른 수건 1개
- 앞치마 1개

방법

1 앞치마를 두릅니다.

2 방수용 테이블보를 탁자에 놓고 천천히 폅니다.

3 냄비 2개를 탁자에 나란히 두고, 스펀지를 탁자 왼쪽 상단에 둡니다.

4 피처를 싱크대에 가지고 가서 수돗물을 담습니다.

5 피처에 담은 물을 탁자 위에 있는 왼쪽 냄비에 붓습니다.

6 마른 수건으로 피처를 닦고 탁자 오른쪽 상단에 둡니다.

7 물이 담긴 냄비에 스펀지를 담급니다. 물을 잘 흡수하도록 두 손으로 천천히 누릅니다.

8 스펀지를 꺼내 오른손으로 잡고 왼손은 그 아래를 바칩니다. (왼손 잡이일 경우 반대로 합니다.)

9 스펀지를 빈 냄비에 재빠르게 옮겨 넣습니다.

10 손가락으로 젖은 스펀지를 눌러 물이 나오게 합니다.

11 물이 최대한 많이 나왔을 때 두 손으로 스펀지를 잡고 눌러서 짜
   줍니다.

12 스펀지를 다시 왼쪽 냄비에 넣고 물을 흡수시킵니다.

13 오른쪽 냄비로 물이 완전히 옮겨질 때까지 계속합니다.

14 다른 방향으로 해 봅니다.

15 물을 비우러 갑니다.

16 냄비를 수건으로 닦습니다.

17 놀이를 한 곳의 주변에 젖은 곳이 없는지 꼼꼼이 살핍니다.

18 도구들을 선반 위의 제자리에 정리합니다.

19 앞치마를 제자리에 겁니다.

20 아이에게 해 보라고 제안합니다.

　아기들과 할 때에는 더 큰 스펀지와 세숫대야로 해 보는 것이 좋습
니다. 바닥에서 방수천을 깔고 해 볼 수도 있습니다.

♣ 의자 들기

- ⬡ 적정 연령 : 만 2세
- ⬡ 준비물
  - ◆ 아이용 의자

방법

1 의자 뒤 등받이에 오른손을 둡니다.

2 안장에 왼손을 둡니다.

3 의자를 들어올립니다.

4 다른 곳으로 의자를 옮깁니다.

5 의자를 소리없이 조용히 내려놓습니다.

6 있던 자리로 다시 옮겨 봅니다.

　아이가 의자를 들었을 때는 항상 제자리에 놓으라고 가르쳐야 합니다. 이런 질서와 정리정돈 개념은 아주 중요합니다.

♣ 매트 펴기

- 적정 연령 : 만 2세
- 준비물
  - ◆ 70×120센티미터의 매트 1개

방법

1 매트 중간을 두 손으로 잡고 세로로 둡니다.

2 바닥에 놓고 왼쪽에서 오른쪽으로 폅니다.

3 매트가 다 펴지면 오른손으로 끝부분을 평평하게 폅니다.

4 두 손으로 끝단부터 돌돌 맙니다.

5 양 가장자리를 잘 정돈합니다

6 두 손으로 매트의 가운데 부분을 잡고 제자리에 잘 정리합니다.

매트로 다른 종류의 놀이를 할 수 있습니다.

더 나아가기

- ▶ 아이에게 매트 가장자리로 걷는 방법을 시범으로 보여 줍니다. 걸을 때 천천히 조심조심 걸으라고 합니다.
- ▶ 매트 가까이로 걸어 보라고 합니다.
- ▶ 물건을 들고 매트 가장자리로 걸어 보라고 합니다.

숟가락으로 콩 옮기기

- 적정 연령 : 만 2세
- 준비물
  - 우드트레이 1개
  - 같은 모양의 그릇 2개
  - 숟가락 1개
  - 콩알 여러 개

방법

1 우드트레이를 가지고 와서 탁자 위 중앙에 둡니다. 콩을 담은 그릇은 왼쪽에, 빈 그릇은 오른쪽에 둡니다.
2 오른손으로 숟가락을 잡고 왼쪽 그릇에 있는 콩을 퍼서 오른쪽 그릇으로 옮깁니다.
3 한 번 그릇이 비워지면 다른 방향으로 합니다.
4 아이에게 직접 해 보도록 권유합니다.

   파스타, 쌀, 렌틸콩, 좁쌀 등 내용물은 가끔씩 바꿔도 됩니다. 숟가락도 바꾸어도 됩니다. 이러한 변화들은 아이들의 호기심을 자극합니다.

♣ 피처로 콩 옮기기

- 적정 연령 : 만 2세
- 준비물
  - ◆ 같은 모양의 피처 2개
  - ◆ 우드트레이 1개 ◆ 콩 여러 개

방법

1 우드트레이를 두 손으로 잡고 천천히 탁자로 옮깁니다.

2 탁자 위에 조심히 우드트레이를 두고 앉습니다.

3 콩을 담은 피처를 기울이면서 주둥이를 통해 콩이 나오는 모습을 보여 줍니다. 이때 피처는 직각을 이루어야 합니다.

4 손가락으로 콩이 들어있는 피처를 잡습니다.

5 빈 피처까지 닿도록 올리되 두 피처가 부딪히지 않게 왼손으로 지탱합니다.

6 콩이 든 피처에서 콩이 흘러나오도록 천천히 따릅니다.

7 마지막 콩알이 나오면 피처를 쟁반 위에 천천히 놓습니다.

8 콩이 쟁반이나 바닥에 떨어졌다면 줍습니다.
   이것은 실수를 해결하는 방법을 가르칩니다.

9 다른 방향으로 처음부터 반복합니다.

10 아이에게 해 보라고 권유합니다.

스티커 붙이기

- 적정 연령 : 만 2세
- 준비물
  - 우드트레이 1개
  - 도형 스티커를 담은 상자
  - 도형 스티커의 모양을 그린 정사각형의 색종이(14×14센티미터)
  - 촉촉하게 젖은 스펀지 1개와 마른 스펀지 1개

  (각각 작은 종지에 담아 준비합니다.)

방법

1 우드트레이를 가져와 아이 앞에 둡니다.

2 준비물들을 왼쪽에서 오른쪽 순서로 정렬합니다.

3 색종이 한 장을 가져와 앞에 둡니다.

4 색종이에 그려진 도형과 같은 모양의 스티커를 상자에서 꺼내 도형의 테두리를 왼쪽 상단부터 손가락으로 따라 그립니다.

5 스티커를 물이 촉촉하게 젖은 스펀지 위에 올립니다.

6 물에 젖은 스티커를 색종이 위에 모양에 맞게 붙입니다.

7 마른 스펀지로 그 위를 꼭꼭 누릅니다.

8 아이가 해 보도록 합니다.

9 놀이가 끝나면 우드트레이를 정리한 다음, 선반에 가져다 놓도록 합니다.

♣ 빨래집게 놀이

- 적정 연령 : 만 2세
- 준비물
  - ◆ 바구니 1개
  - ◆ 빨래집게 8개(아이가 쉽게 다룰 수 있는지 미리 확인합니다.)

방법

1 바구니를 탁자로 가져옵니다.

2 바구니를 탁자 중앙에 놓습니다.

3 엄지와 검지를 사용해 빨래집게의 이빨 부분이 더 이상 벌어지지 않을때까지 지그시 누릅니다.

4 빨래집게를 수직으로 잡고 바구니의 테두리에 꽂습니다.

5 나머지 빨래집게도 꽂습니다.

6 꽂혀 있는 빨래집게들을 하나씩 빼면서 바구니 속에 넣습니다.

7 도구들을 제자리에 가져다 놓습니다.

♣ 소라 껍데기 잡기

- 적정 연령 : 만 2세
- 준비물
  - 집게가 담긴 바구니 1개
  - 6개의 소라 껍데기가 담긴 바구니 1개
  - 소라 껍데기를 담을 수 있는 그릇

방법

1 우드트레이를 탁자로 가지고 옵니다.

2 소라 껍데기를 집을 집게를 보여 줍니다.

3 집게를 조심스럽게 들고 손잡이 쪽을 잡습니다.

4 소라 껍데기가 들어 있는 바구니를 왼쪽에 둡니다. 껍데기를 옮겨
   담을 그릇을 오른쪽에 둡니다. 집게로 바구니 안에 있는 소라 껍
   데기를 하나 들어서 그릇에 놓습니다.

5 두 번째 소라 껍데기도 같은 방법으로 해 봅니다.

6 아이가 이어서 해 보도록 합니다.

7 소라 껍데기를 넣은 그릇이 다 차면 소라 껍데기를 한 개씩 바구
   니로 옮기는 모습을 두 번 보여 줍니다.

8 아이가 이어서 계속 해 보도록 합니다.

9 우드트레이를 선반에 가지런히 정리합니다.

♣ 테이블 세팅 놀이

◉ 적정 연령 : 만 2세
◉ 준비물
  ◆ 접시 1개, 포크 1개, 나이프 1개, 컵 1개, 작은 숟가락 1개, 냅킨 1개, 개인
    용 식탁 매트 1개를 준비하여 담은 우드트레이
  ◆ 테이블 세팅 방법이 그려져 있는 식탁 매트 1개

방법

1 우드트레이를 탁자로 가지고 옵니다.

2 개인용 식탁 매트를 탁자 위에 깝니다.

3 테이블 세팅 방법이 그려져 있는 식탁 매트 1개를 그 위에 얹습니다.

4 그림에 나와 있는 것(접시, 포크 등)들을 하나하나 가리키며 실제의
  도구들을 보여 줍니다.

5 접시, 컵, 포크와 나이프, 작은 수저 순서로 제자리에 놓습니다.

6 반대 순서대로 작은 수저, 나이프, 포크, 컵, 접시 순서로 우드트레
  이에 옮깁니다.

7 아이가 해 보게 합니다.

  아이가 잘 훈련되고 나면 테이블 세팅 방법이 그려져 있는 식탁 매
트가 없이도 테이블 세팅을 하도록 시도해 볼 수 있습니다. 혼자서 해
본 다음 답을 확인하는 식으로 활용하면 됩니다.

🌰 예의범절 훈련

● 적정 연령 : 만 2세

아이가 자신감이나 다른 사람에게 친절한 태도를 갖추려면 예의범절 교육이 필요합니다. 예를 들어 기침이나 하품을 할 때 손으로 가리는 것, 코 푸는 법, '안녕하세요', '감사합니다' 와 같이 인사하는 법, 바깥에서 올바르게 행동하는 법, 방에 들어가기 전에 노크하는 법 등입니다.

가상의 상황을 연출하는 방법으로 이 같은 에티켓들을 가르칠 수 있습니다. 아이에게 "저 아주머니께 '감사합니다'라고 해야지!"처럼 말로 가르치는 대신 일정 시간을 정해서 예의범절에 대해 깊이 있는 교육을 하는 편이 좋습니다. 이를 통해 아이들이 스스로 필요성을 깨닫고 자발적으로 예절 바른 행동을 할 것입니다.

♣ 물 옮기기

- 적정 연령 : 만 2.5세
- 준비물
  - ◆ 우드트레이 1개   ◆ 같은 모양의 피처 2개   ◆ 스펀지 1개

방법

1 오른손 엄지, 검지, 중지로 피처를 잡는 방법을 아이에게 보여 줍니다. 왼손 검지로 피처의 주둥이 아래를 받쳐 물을 따르는 속도를 조절합니다. (왼손잡이는 반대로 합니다.)

2 물이 담긴 피처를 조심스럽게 따라 다른 피처로 물을 옮깁니다. 이때 피처들끼리 서로 닿지는 않는지, 피처를 떨어뜨리지는 않는지 눈으로 살핍니다.

3 피처의 물이 비워질 때까지 물을 따릅니다.

4 피처에 남아 있는 물이나 우드트레이에 흘린 물을 스펀지로 닦아 줍니다.

5 다른 방향으로 한 번 더 해 봅니다.

6 피처에 남아 있는 물이나 주변에 흘린 물을 스펀지로 닦습니다.

7 먼저 시연을 해 보이고 나서 아이가 따라 해 보도록 합니다.

8 우드트레이를 선반에 가지런히 정리합니다.

아이들은 물을 가지고 노는 것을 아주 좋아합니다. 이 놀이는 아이가 고체를 따르는 법과 스펀지 짜는 법을 충분히 익힌 후에 실시해야 합니다.

🔓 자물쇠 열기

- 적정 연령 : 만 2.5세
- 준비물
  - ◆ 우드트레이 1개
  - ◆ 크기가 다른 4개의 자물쇠를 담은 바구니 1개
  - ◆ 열쇠 4개를 담은 바구니 1개
    (1개의 열쇠가 여러 개의 자물쇠를 열지 않아야 합니다.)
  - ◆ 작은 매트 1개

방법

1 우드트레이를 탁자로 가지고 옵니다. 탁자에 매트를 깔고, 우드트레이는 매트의 왼쪽 상단에 둡니다.

2 자물쇠 하나를 매트의 중앙에 둡니다.

3 한 손의 엄지, 검지, 중지로 자물쇠를 잡고, 다른 손으로 열쇠를 잡습니다.

4 열쇠를 자물쇠에 넣어 봅니다. 맞지 않으면 다른 열쇠로 시도해 봅니다.

5 맞는 자물쇠와 열쇠를 찾으면 자물쇠를 열어 봅니다. (아이에게 맞는 짝을 한 번에 찾을 수는 없다는 것을 보여 줍니다.)

6 열린 자물쇠를 매트의 왼쪽 상단에, 열쇠를 오른쪽에 둡니다. (같이 두지 않습니다.)

7 다른 자물쇠도 똑같은 순서로 맞는 열쇠를 찾아봅니다. 자물쇠와 열쇠를 각각 첫 번째 것들의 밑에 줄을 세워 놓습니다.

8 아이가 이어서 해 보도록 합니다.

9 모든 자물쇠의 열쇠를 찾으면 하나를 잠그어 바구니에 담습니다.

10 아이가 이어서 해 보도록 합니다. 모든 것을 바구니에 담되 선반
으로 바로 가져다 놓지는 않습니다.

11 마지막으로 우드트레이를 선반에 정리합니다.

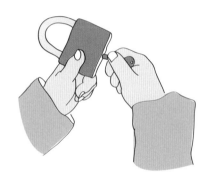

♣ 선 놀이

- 적정 연령 : 만 2.5세
- 준비물
  - ◆ 바닥에 평행한 선 두 줄을 그리되, 아이의 발이 완전히 선 사이에 들어 갈 수 있도록 최소 10센티미터 간격으로 그립니다.
  - ◆ 깃발 1개   ◆ 바구니 1개   ◆ 작은 블록 소량
  - ◆ 작은 종 1개   ◆ 추를 매단 줄 1개   ◆ 물을 채운 컵 1개

방법 1

이 놀이는 그룹용입니다.

1. 아이들이 선 위에 서노록 합니다.
2. 아이들 사이에 일정 간격을 두도록 합니다. 발 전체를 선 안에 넣고 선 위를 걷는 방법을 보여 줍니다.
3. 아이들이 선 위를 천천히 걷도록 합니다. 보폭을 점점 좁혀 봅니다. 앞발의 뒤꿈치가 뒷발의 발가락에 닿을 정도까지 보폭을 좁힙니다. 이 활동을 통해 균형 감각을 키울 수 있습니다.

방법 2

점차적으로 다양한 도구를 사용해 아이들의 흥미를 일깨우고 올바르게 걷는 방법을 알려 줍니다.

1　아이가 깃발을 골랐다면 높이 들도록 합니다. 이는 아이가 걸을 때 땅을 보며 걷지 않고, 머리를 곧게 들고 걷는 방법을 익히게 합니다.

2　머리에 빈 바구니를 올리고 손으로 잡지 않고 걸어 보게 할 수도 있습니다.

3　블록 몇 개로 만든 작은 타워를 손에 올리고 떨어뜨리지 않으면서 걷게 해 봅니다.

4　작은 종을 들고 소리가 나지 않게 하면서 걷게 할 수도 있습니다.

5　추를 매단 줄을 잡고 걸으면서 추가 움직이지 않도록 조심하며 걷게 해 봅니다.

6　물을 가득 채운 컵을 들고 물을 흘리지 않으면서 걸어 보게 할 수도 있습니다.

♣ 집게 가지고 분류하기

- ● 적정 연령 : 만 2.5세
- ● 준비물
  - ◆ 우드트레이 1개   ◆ 집게 1개
  - ◆ 털실방울(노란색 3개, 파란색 3개)을 담은 투명한 그릇 1개
  - ◆ 노란 그릇 1개   ◆ 파란 그릇 1개

방법

1 우드트레이를 탁자로 가지고 옵니다.

2 집게를 보여 줍니다.

3 오른손으로 집게를 잡되 손잡이 쪽을 잡도록 합니다.

4 털실방울을 담은 투명 그릇은 왼쪽에 두고 색깔이 있는 그릇은 옆에 둡니다.

5 집게로 파란색 털실방울을 집어 파란 그릇으로 옮기고, 노란색 털실방울은 노란 그릇으로 옮깁니다.

6 아이가 해 보도록 합니다.

7 투명한 그릇이 비면 털실방울을 하나씩 다시 옮깁니다.

8 아이가 나머지를 계속해서 옮기도록 합니다.

9 우드트레이를 선반에 가지런히 정리합니다.

　이 놀이는 다양한 방법으로 바꾸어 볼 수 있습니다. 털실방울을 색깔별로 분류하거나 크기별 또는 모양별로 분류해 보도록 할 수 있습니다.

♣ 스포이트로 물 옮기기

- ◉ 적정 연령 : 만 2.5세
- ◉ 준비물
    - ◆ 우드트레이 1개 ◆ 스포이트 1개
    - ◆ 스펀지 1개 ◆ 같은 컵 2개

방법

1 준비물을 담은 우드트레이를 가지고 옵니다.

2 엄지, 검지, 중지로 스포이트를 잡습니다.

3 컵 하나에 물을 담고 왼쪽에 둡니다. 스포이트를 눌러 물을 빨아 들입니다.

4 빨아들인 물을 오른쪽에 있는 빈 컵으로 옮깁니다.

5 아이가 이어서 계속 할 수 있도록 합니다.

6 물이 다 옮겨지면 반대 방향으로 해 봅니다.

7 우드트레이에 떨어진 물을 스펀지로 닦아냅니다.

8 우드트레이를 선반에 가지런히 정리합니다.

병뚜껑 열고 닫기

- 적정 연령 : 만 2.5세
- 준비물
  - 우드트레이 1개
  - 뚜껑이 닫힌 여러 모양의 병을 담은 바구니 1개
  - 매트 1개

방법

1 매트를 깝니다.

2 바구니를 매트의 왼쪽 상단에 둡니다.

3 엄지, 검지, 중지를 모아 손가락으로 집는 모습을 보여 줍니다.

4 병 하나를 매트 중앙에 둡니다. 왼손으로 병을 잡고, 오른손으로
   뚜껑을 열어 봅니다. (왼손잡이는 반대로 합니다.)

5 뚜껑을 열어 놓은 병을 매트의 왼쪽 상단에 두고, 뚜껑은 오른쪽
   상단에 둡니다.

6 다른 병도 같은 순서로 뚜껑을 열어보고, 빈 병과 뚜껑은 각각 줄
   을 세워 둡니다.

7 준비한 병의 뚜껑을 다 열면, 왼손으로 병을 잡고 매트의 중앙에
   놓습니다. 오른손으로 병뚜껑을 닫습니다.

8 바구니에 병들을 담습니다.

9 아이에게 이어서 해 보라고 합니다.

🔖 상자 열고 닫기

- 적정 연령 : 만 2.5세
- 준비물
  - 바구니 1개
  - 크기가 다른 상자 6개
  - 작은 식탁 매트 1개

방법

1　선반에서 바구니를 찾아와서 매트의 왼쪽 상단에 놓습니다.

2　상자 하나를 골라 매트 중앙에 둡니다.

3　오른손으로 상자의 뚜껑을 엽니다.

4　상자를 왼쪽 상단에, 뚜껑을 오른쪽 상단에 놓습니다.

5　두 번째 상자도 같은 순서로 해 봅니다. 상자는 첫 번째 상자 아래에 줄을 세우고, 뚜껑은 첫 번째 뚜껑 아래에 두어 줄을 세웁니다.

6　아이가 이어서 해 보도록 합니다.

7　모든 상자 뚜껑을 열어 줄을 세웠다면, 왼쪽 제일 위에 놓인 상자를 매트 중앙으로 가지고 옵니다.

8　상자에 맞는 뚜껑을 찾아옵니다. (한 번에 성공하지 않을 수도 있습니다.)

9　맞는 뚜껑을 잘 찾았으면 바구니에 담습니다.

10　아이에게 이어서 해 보라고 합니다.

♣ 나사 풀고 조이기

- 적정 연령 : 만 2.5세
- 준비물
  - 바구니 1개
  - 5개 이상의 암나사와 수나사 세트
    (한 개의 암나사가 여러 개의 수나사와 맞지 않도록 주의합니다.)
  - 펠트 재질의 매트

방법

1. 조여 있는 암나사(너트)와 수나사(볼트)를 담은 바구니를 탁자로 가지고 옵니다.
2. 바구니를 탁자의 왼쪽 상단에 둡니다.
3. 매트를 탁자에 폅니다.
4. 왼손으로 나사를 잡습니다.
5. 오른손 집게 손가락을 사용해 나사를 풉니다.
6. 수나사를 매트의 오른쪽에 둡니다.
7. 암나사는 매트의 왼쪽에 둡니다.
8. 나머지 나사들을 하나씩 풉니다.
9. 암나사를 하나 골라 맞는 수나사를 찾습니다.
10. 암나사를 돌려가며 조이고, 다 조여지면 바구니로 옮깁니다.
11. 끝까지 계속합니다.
12. 매트를 접습니다.
13. 바구니를 선반에 가지런히 정리합니다.

🍀 옷걸이에 옷 걸기

- 적정 연령 : 만 2.5세
- 준비물
  - ◆ 코트 1개
  - ◆ 옷걸이 1개
  - ◆ 외투걸이

    (아이들의 키에 맞는 것으로 준비합니다.)

방법

1 코트를 바닥에 놓습니다.

2 옷걸이를 보여 줍니다.

3 왼쪽 팔에서 오른쪽 팔 순서로 코트를 옷걸이에 겁니다.

4 코트의 단추나 지퍼를 닫습니다.

5 옷을 건 옷걸이를 외투걸이에 겁니다.

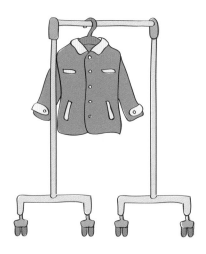

♣ 종이 자르기

- 적정 연령 : 만 3세
- 준비물
  - ◆ 우드트레이 1개
  - ◆ 가위 1개
  - ◆ 아래의 그림과 같이 표시된 종이 밴드
  - ◆ 봉투 몇 개

방법

1 우드트레이를 탁자에 가지고 와서 아이 앞에 놓습니다.

2 가위 잡는 법을 조심스럽게 가르쳐 줍니다.

3 종이 밴드 하나의 가장 왼쪽 선을 자릅니다.

4 다른 종이 밴드도 자릅니다.

5 아이가 이어서 해 보도록 합니다.

6 종이 밴드를 다 자르면 모든 조각들을 봉투 안에 넣도록 합니다.

7 놀이가 끝나면 아이가 우드트레이를 선반에 정리하도록 시킵니다.

♣ 구슬 꿰기

- 적정 연령 : 만 3세
- 준비물
  - ◆ 우드트레이 1개
  - ◆ 한쪽을 묶은 실
  - ◆ 구슬 몇 개

방법

1 우드트레이를 탁자로 가지고 와서 아이의 앞에 둡니다.

2 실의 매듭이 없는 쪽을 잡습니다.

3 오른손 엄지와 검지, 중지로 구슬을 하나 잡습니다.

4 구슬을 실에 끼웁니다.

5 두 번째 구슬을 끼웁니다.

6 아이가 이어서 계속 해 보도록 합니다.

  어린아이들은 나무로 된 큰 구슬을 이용합니다.

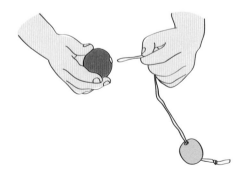

♣ 드라이버 놀이

- 적정 연령 : 만 3세
- 준비물
  - 우드트레이 1개
  - 3~5개의 나사가 박혀 있는 작은 나무 판
    (나사의 크기와 모양은 각기 다른 것으로 준비합니다.)
  - 나사 크기와 맞는 드라이버들을 넣은 바구니
  - 작은 바구니

방법

1 우드트레이를 탁자로 가지고 옵니다.
2 드라이버 하나를 잡습니다.
3 드라이버에 맞는 나사를 찾습니다.
4 맞는 것을 찾으면 나사를 풉니다.
5 나사를 바구니에 담습니다.
6 아이가 이어서 계속하도록 합니다.
7 모든 나사를 풀었으면 하나씩 나사를 조입니다.
8 아이가 이어서 계속하도록 합니다.
9 우드트레이를 선반에 가지런히 정리합니다.

♣ 풀칠 배우기

- 적정 연령 : 만 3세
- 준비물
  - ◆ 우드트레이 1개
  - ◆ 정사각형(14×14센티미터) 종이 여러 장
    (각 장에는 종이 조각을 붙일 곳에 점으로 표시합니다.)
  - ◆ 딱풀 1개
  - ◆ 여러 가지 모양의 종이 조각을 담은 작은 통 1개
  - ◆ 마른 스펀지 1개

방법

1 우드트레이를 탁자로 가지고 와서 아이 앞에 놓습니다.

2 정사각형 종이 하나를 아이에게 보여 줍니다. 이때 검지 손가락으로 점을 가리킵니다. 말은 하지 않습니다.

3 종이 조각 중 하나를 고릅니다.

4 딱풀 뚜껑을 열고 종이 조각에 풀칠을 합니다.

5 풀칠한 종이 조각을 정사각형 종이의 점 위에 붙입니다.

6 마른 스펀지로 그 위를 눌러 잘 붙게 합니다.

7 딱풀 뚜껑을 닫습니다.

8 아이가 이어서 해 보도록 합니다.

9 놀이가 끝나면 정리 후 선반에 우드트레이를 가져다 놓습니다.

이 놀이를 시작하기 전에 아이가 딱풀 뚜껑을 혼자서 열었다 닫을 수 있는지 확인해야 합니다.

♣ 거품기 사용하기

- 적정 연령 : 만 3세
- 준비물
  - ◆ 우드트레이 1개 ◆ 피처 1개 ◆ 큰 그릇 1개
  - ◆ 주방 세제 조금 ◆ 스포이트 1개 ◆ 거품기 1개
  - ◆ 큰 스펀지 1개 ◆ 행주 1개

방법

1. 우드트레이를 찾아와서 아이 앞에 둡니다.
2. 도구들을 왼쪽에서 오른쪽으로 가지런히 놓습니다.
3. 아이에게 피처에 물을 담아오라고 합니다.
4. 담아온 물을 큰 그릇에 부으라고 합니다.
5. 주방 세제 용기의 뚜껑을 엽니다.
6. 엄지와 검지로 스포이트를 잡고 주방 세제를 조금 담습니다.
7. 스포이트로 그릇에 주방 세제 세 방울을 떨어뜨립니다.
8. 두 손바닥을 마주 대고 거품기 손잡이를 잡은 채로 손바닥을 비비며 거품기를 돌려 거품이 나게 합니다.
9. 아이가 해 보도록 합니다.
10. 놀이가 끝나면 아이에게 (세면대나 싱크대에 가서) 물을 버리라고 말합니다.
11. 스펀지와 행주로 떨어진 물을 닦습니다.
12. 젖은 행주는 널어서 말린 다음에 우드트레이에 놓습니다.
13. 우드트레이를 선반에 정리합니다.

♣ 비질 놀이

- 적정 연령 : 만 3세
- 준비물
  - ◆ 우드트레이 1개
  - ◆ 종이 조각 여러 개를 담은 작은 통
  - ◆ 분필 몇 개(바닥에 금을 그을 여건이 된다면 분필을 사용하고, 그렇지 않으면 사각형 액자틀을 바닥에 놓습니다.)
  - ◆ 아이가 사용할 수 있는 크기의 긴 빗자루 1개
  - ◆ 작은 솔 빗자루와 쓰레받기

방법
_____

1 분필로 빗자루와 같은 길이 정도로 정사각형 모양의 금을 긋거나, 액자틀을 바닥에 놓습니다.

2 정사각형의 틀 안팎으로 작은 종이 조각들을 흩뿌립니다.

3 빗자루를 사용해 안에 있는 종이 조각들을 쓸어 모읍니다.

4 작은 빗자루로 모은 종이 조각들을 쓰레받기에 담습니다. 모은 종이 조각들은 다시 통에 담습니다.

5 아이가 해 보도록 합니다.

먼지 털기

- 적정 연령 : 만 3세
- 준비물
  - 먼지떨이 1개

방법

1 먼지를 털 곳을 정합니다.

2 어떤 물건이 올려져 있고 그것을 들어내기 쉬운 선반이 좋습니다.

3 먼지떨이를 사용해 왼쪽에서 오른쪽으로 먼지를 털어냅니다.

4 휴지통 안으로 먼지털이의 머리쪽을 넣고, 두 손을 마주대고 손잡이를 잡아 먼지떨이에 붙은 먼지들을 휴지통에 털어 버립니다.

5 선반에서 치웠던 물건들을 다시 정돈합니다.

6 아이가 해 보도록 합니다.

아이가 먼지를 털어보고 싶어할 때 쉽게 찾을 수 있도록 먼지떨이를 아이 눈에 잘 띄며, 항상 같은 곳에 두어야 합니다.

♣ 손 씻기

- 적정 연령 : 만 3세
- 준비물
  - ◆ 세숫대야 1개 ◆ 우드트레이 1개 ◆ 피처 1개 ◆ 스펀지 1개
  - ◆ 작은 잔에 담은 액체비누 ◆ 수건 1개 ◆ 양동이 1개
  - ◆ 손톱용 솔 1개(손톱깎이나 핸드크림도 추가할 수 있습니다.)
  - ◆ 방수천 1개

방법

1 탁자 위에 방수천을 깔고 준비물을 사용 순서대로 진열합니다.

2 아이에게 미지근한 물을 어디에서 찾는지 알려 주고 피처에 담아 오라고 합니다.

3 물을 세숫대야에 담고, 흘린 물방울들은 스펀지로 닦습니다.

4 소매를 걷습니다.

5 손을 물에 담급니다.

6 손에 비누칠을 하고 거품을 냅니다.

7 질서 정연하게 손가락 하나하나를 씻습니다. 엄지, 검지, 중지, 약지, 새끼손가락 순서로 씻습니다.

8 손바닥과 손등도 잘 씻습니다.

9 손을 헹굽니다.

10 손톱용 솔을 집습니다.

11 비누를 살짝 묻히고 손을 닦은 것처럼 손톱을 잘 문질러 씻어

줍니다.

12 손톱을 물에 헹굽니다.

13 손톱이 길 경우 손톱깎이를 사용해 정리합니다.

14 수건으로 손을 닦습니다.

15 손가락 하나하나를 수건으로 잘 말립니다.

16 물을 양동이에 비웁니다.

17 핸드크림을 바릅니다.

18 준비물들을 정리해 놓습니다.

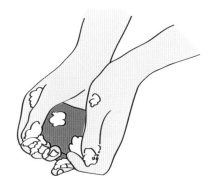

TIP

세면대의 높이는 아이의 키에 맞으면 좋고, 그렇지 못할 경우에는 작은 받침대를
발 아래에 두어 키높이를 맞춰 주는 것이 좋습니다.

♣ 옷입기 틀

● 적정 연령 : 만 3세

옷입기 틀의 목적은 아이가 옷을 열고 닫는 법을 배워 혼자서 옷을 입을 수 있도록 하는 것입니다. 나무틀에 두 장의 헝겊을 포개고 아이에게 사용법을 가르쳐 주고 싶은 부자재(단추, 지퍼, 똑딱이 등)를 달아 옷입기 틀을 준비합니다.

가장 쉬운 것부터 복잡한 것 순으로 하는 것이 이상적입니다. 그렇지만 순서대로 가르쳐 주지 않고 아이가 필요로 하는 것을 먼저 가르쳐도 됩니다. 예를 들어 이미 단추가 달린 코트를 입을 줄 안다면 지퍼가 달린 옷입기 틀을 사용해 가르치면 됩니다.

옷입기 틀의 종류는 아래와 같습니다.

- 벨크로(찍찍이)
- 허리띠 버클
- 똑딱이 단추
- 큰 단추
- 작은 단추
- 운동화 끈
- 지퍼
- 옷핀

여러분이 옷입기 틀을 제작할 수 없다면 바로 옷으로 교육을 해도 됩니다.

벨크로 옷입기 틀의 교육 순서는 다음과 같습니다. 같은 방식으로 다른 형태의 옷입기 틀에도 적용해 가르치면 됩니다.

1 왼손으로 헝겊을 잡고, 오른손의 엄지와 검지로 벨크로를 조심스럽게 집습니다.

2 붙어 있는 벨크로를 뗍니다.

3 두 헝겊을 활짝 열어 젖히고 중앙에 손을 넣습니다.

4 왼쪽 헝겊을 닫고, 오른쪽을 이어서 닫습니다.

5 벨크로를 서로 붙입니다.

6 벨크로들이 잘 붙어 있도록 눌러줍니다.

7 아이가 이어서 해 보도록 합니다.

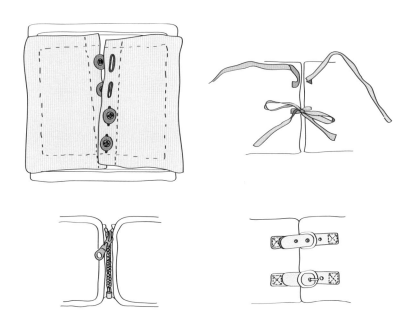

🔵 눈금을 그은 컵에 물 붓기

- 🔘 적정 연령 : 만 3세
- 🔘 준비물
  - ◆ 우드트레이 1개
  - ◆ 식용색소를 넣어 색깔을 들인 물을 담은 피처 1개
  - ◆ 유성펜을 사용해 가로로 금을 그은 컵 1개
  - ◆ 작은 스펀지 1개

방법

1. 선반에서 우드트레이를 가져와 아이 앞에 둡니다.
2. 엄지와 검지를 사용해 컵에 그어 놓은 금을 보여 줍니다. 이때 말은 하지 않습니다.
3. 아이에게 오른손의 손가락을 모아 쥐어서 피처를 잡는 법을 보여 줍니다. 이때 왼손의 검지는 피처의 아래를 받쳐 물이 흐르는 속도를 조절합니다.
4. 천천히 물을 컵에 담되 피처가 컵에 닿지 않게 합니다.
5. 물을 그어 둔 금까지 담습니다.
6. 잘 되었는지 확인합니다.
7. 피처에 남아 있거나 우드트레이에 떨어진 물을 스펀지로 잘 닦아 냅니다.
8. 컵에 담긴 물을 다시 피처에 옮깁니다.
9. 아이에게 해 보라고 합니다. 다 끝나면 준비물들을 정리해서 선반에 둡니다.

🍀 나무 상자 열고 닫기와 숨은 보물 찾기

- 적정 연령 : 만 3세
- 준비물
  - 우드트레이 1개
  - 나무 상자 여러 개(마지막 것에는 깜짝 선물을 넣어 놓습니다.)
  - 테이블보

방법

1 우드트레이를 아이 앞에 가지고 와서 테이블보를 펼쳐 놓은 탁자의 왼쪽 상단에 둡니다.

2 나무 상자들을 탁자의 중앙에 놓습니다.

3 왼손으로 나무 상자의 몸통을 잡습니다.

4 오른손의 엄지와 검지로 상자의 잠금장치를 풀어 엽니다.

5 열린 상자를 왼쪽 상단에 놓습니다.

6 두 번째 상자를 열어 첫 번째 상자의 오른쪽에 놓습니다.

7 아이가 이어서 하고, 마지막 상자의 보물을 찾게 합니다.

8 상자를 처음 모습대로 닫는 법을 알려 주고 아이가 이어서 닫도록 가르쳐 줍니다.

♣ 색깔이 다른 빨래집게 놀이

- 적정 연령 : 만 3세
- 준비물
  - ◆ 바구니 1개
  - ◆ 빨래집게 8개

방법

아이에게 아래와 같이 빨래집게 놀이를 활용해 다양한 변화를 줄 수 있습니다.

1 바구니 안에 색깔이 있는 빨래집게를 넣습니다.

2 빨래집게를 꺼내서 색깔별로 배열해 봅니다. 예를 들어 파란색 1개, 노란색 1개, 분홍색 1개 등입니다. 아이가 똑같이 해 보게 합니다. 만약 파란색 2개, 노란색 2개, 분홍색 2개의 그룹을 만들었다면 아이도 똑같이 2개씩 모으도록 합니다. 이는 아이의 숫자 감각을 키우는 데도 도움을 줍니다.

3 아이의 창의력을 기르기 위해서는 어떤 지시도 하지 않고, 바구니에 여러 색깔의 빨래집게를 활용해 아이가 마음대로 가지고 놀게 합니다.

♣ 집게형 거름망으로 건더기 옮기기

- 적정 연령 : 만 4세
- 준비물
  - ◆ 우드트레이 1개
  - ◆ 집게형 거름망 1개
  - ◆ 같은 모양의 유리그릇 2개
    (왼쪽의 것에는 물과 건더기 몇 개를 넣고, 오른쪽은 비워 둡니다.)
  - ◆ 작은 스펀지 1개

방법

1 우드트레이를 가지고 와서 아이의 앞에 둡니다.
2 물건을 집을 때 쓰는 손가락들로 집게형 거름망을 잡습니다.
3 집게형 거름망을 어떻게 사용하는지 아이에게 보여 줍니다.
4 이번에는 집게형 거름망으로 왼쪽의 유리그릇에 담겨 있는 건더기를 집습니다.
5 그릇 위로 집게형 거름망을 들어 올려 물을 빼고 건더기만 건져내어 오른쪽에 있는 그릇에 담습니다.
6 아이가 이어서 해 보도록 합니다.
7 모든 건더기를 오른쪽으로 옮기면, 아이에게 왼쪽 빈 그릇으로 옮기라고 합니다.
8 물이 떨어져 있다면 스펀지로 닦아 냅니다.

체로 모래 안에 있는 구슬 걸러내기

- 적정 연령 : 만 4세
- 준비물
  - ◆ 우드트레이 1개 ◆ 모래를 담은 그릇 1개
  - ◆ 작은 구슬 여러 개 ◆ 빈 그릇 2개 ◆ 숟가락 1개 ◆ 체 1개

방법

1 우드트레이를 가지고 와서 아이의 앞에 둡니다.

2 빈 그릇 위에 체를 올립니다.

3 오른손의 손가락을 모아 숟가락을 잡습니다.

4 숟가락으로 구슬이 섞여 있는 모래를 체에 넣습니다.

5 숟가락을 제자리에 놓고, 빈 그릇 위에 있는 체를 엄지, 검지, 중지를 모아 쥐고 천천히 흔듭니다.

6 모래가 다 걸러지고 체 안에 구슬만 남아 있게 되면 구슬을 다른 그릇에 옮깁니다. 그릇은 우드트레이의 오른쪽 끝에 둡니다.

7 아이가 해 보도록 합니다.

8 아이가 모래를 다 거르고 구슬을 전부 옮기면 아이에게 처음 상태대로 정리하는 것을 가르쳐 줍니다.

핀셋으로 콩 옮기기

적정 연령 : 만 4세

준비물

- 우드트레이 1개
- 핀셋 1개
- 벌집 모양의 구멍이 숭숭 나 있는 비눗갑 1개
- 콩을 가득 채운 그릇

방법

1 우드트레이를 탁자로 가지고 옵니다.

2 엄지, 검지, 중지를 모아 잡는 방법을 보여 줍니다.

3 엄지, 검지, 중지를 모아 핀셋을 잡되 손잡이 쪽을 잡도록 합니다.

4 왼쪽에 있는 그릇에서 콩 하나를 핀셋으로 잡고, 오른쪽에 있는 벌집 모양의 비눗갑 가장 왼쪽에 맞추어 넣습니다.

5 두 번째 콩을 집어 방금 전에 넣은 구멍의 바로 옆 구멍에 맞추어 넣습니다.

6 아이가 이어서 해 보도록 합니다.

7 모든 콩을 비눗갑의 구멍에 끼워 넣었으면 다시 처음에 끼웠던 것 순서대로 두 개씩 꺼내어 처음 콩이 있던 그릇으로 옮깁니다.

8 아이가 이어서 마치도록 합니다.

9 우드트레이를 선반에 정리합니다.

👶 물방울 옮기기

- 적정 연령 : 만 4세
- 준비물
  - ◆ 우드트레이 1개 ◆ 스포이트 1개 ◆ 색깔이 있는 액체
  - ◆ 벌집 모양의 구멍이 숭숭 나 있는 비눗갑 1개
  - ◆ 작은 스펀지 1개 ◆ 행주 1개

방법

1 우드트레이를 탁자로 가지고 옵니다.

2 오른손 엄지, 검지, 중지를 모아 스포이트를 잡습니다.

3 스포이트로 액체를 빨아들입니다.

4 벌집 모양의 구멍 하나에 액체 한방울씩 떨어뜨립니다.

5 두 번을 하고 나서 나머지는 아이가 이어서 해 보도록 합니다.

6 모든 벌집 구멍이 다 차면 스펀지로 물방울들을 닦습니다.

7 우드트레이를 선반에 정돈합니다.

🔺 선 따라 헝겊 접기

- 적정 연령 : 만 4세
- 준비물
  - ◆ 우드트레이 1개
  - ◆ 정사각형의 헝겊 5개(흰색 바탕에 빨간펜으로 아래의 그림과 같이 선을 그려 둡니다. 선을 그릴 때는 헝겊의 앞뒤 모두 그립니다.)

방법

1 우드트레이를 탁자로 가지고 와서 아이 앞에 둡니다.

2 첫 번째 헝겊을 잡습니다.

3 오른손의 엄지와 검지로 선을 따라 금을 긋되, 왼쪽에서 오른쪽 순서로 합니다.

4 두 손의 엄지와 검지를 사용해 헝겊의 가장자리를 잡고 선을 따라 접습니다. 이때 헝겊은 탁자 바닥에 붙이고 접습니다.

5 접힌 선을 손가락으로 누릅니다.

6 아이가 이어서 해 보도록 합니다.

7 아이가 첫 번째 헝겊 접기를 잘 하고 흥미를 보이면 두 번째 것을 시도합니다.

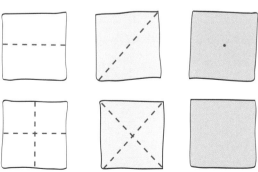

옷 개기

- 적정 연령 : 만 4세
- 준비물
  - 우드트레이 또는 바구니 1개
  - 여러 개의 옷가지
  - 빈 바구니 1개

방법

1 우드트레이나 바구니를 가져와 아이 앞에 둡니다.

2 아이에게 옷을 개는 방법을 천천히 잘 보여 줍니다.

3 갠 옷은 빈 바구니에 담습니다.

4 비슷한 종류의 옷으로 아이가 한번 해 보게 합니다.

5 아이가 계속하길 원하면 다른 종류의 옷으로 해 보게 합니다.

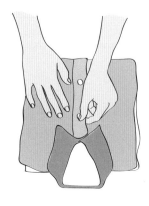

♣ 절구 빻기

- 적정 연령 : 만 4세
- 준비물
  - ◆ 우드트레이 1개
  - ◆ 절구 세트 1개(절구통과 절굿공이)
  - ◆ 계란 껍데기 1개
  - ◆ 빈 그릇 1개

방법

1 절구에 계란 껍데기를 넣습니다.

2 절굿공이를 절구통에 넣습니다.

3 손을 오므려 오목하게 패인 손바닥을 절굿공이의 손잡이에 가져다 댑니다.

4 다른 손으로 절구통을 잡아 지탱합니다.

5 손을 빙글빙글 돌리며 계란 껍데기를 빻습니다.

6 아이가 해 보도록 합니다.

7 다 빻으면 계란 껍데기를 쓰레기통에 버리고 오라고 합니다. 또 다른 계란 껍데기를 어디에서 찾을 수 있는지 알려 주어 우드트레이를 처음 상태와 같이 정리할 수 있도록 합니다.

♣ 망치질하기

● 적정 연령 : 만 4세
● 준비물
  ◆ 우드트레이 1개
  ◆ 3~5개의 못을 가볍게 박은 나무판자 1개
    (못은 작고 못대가리가 넓은 것이 좋습니다.)
  ◆ 작은 망치 1개

방법

1 우드트레이를 탁자로 가져와 아이 앞에 둡니다.
2 오른손으로 망치를 듭니다.
3 다른 손의 엄지, 검지, 중지를 모아 못을 잡고 망치로 못대가리를
  조심스럽게 박습니다.
4 아이가 해 보도록 합니다.

　아이가 안전하게 할 수 있도록 최대한으로 주의합니다. 못박기는 아
주 천천히 부드럽게 해야 합니다.

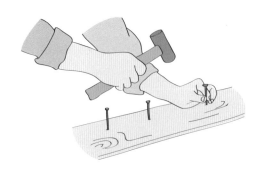

♣ 꽃병에 꽃꽂이하기

- 적정 연령 : 만 4세
- 준비물
  - ◆ 우드트레이 1개
  - ◆ 작은 꽃병 1개
  - ◆ 찬물이 담긴 피처 1개(아이가 혼자서 싱크대나 세면대에서 물을 받아 올 수 있다면 피처는 비워 두어도 됩니다.)
  - ◆ 꽃대가 달린 꽃 여러 개(아이가 직접 뜯어 온 꽃이라면 더 이상적입니다.)
  - ◆ 가위
  - ◆ 자른 줄기를 담을 통 1개
  - ◆ 스펀지 1개

방법

1. 우드트레이를 탁자로 가져와 아이 앞에 둡니다.
2. 준비물들을 꺼내 탁자의 왼쪽 상단에 진열하되, 사용 순서대로 왼쪽에서 오른쪽으로 둡니다.
3. 작은 꽃병을 가져옵니다.
4. 피처에 있는 찬물을 꽃병에 붓습니다.
5. 꽃과 줄기를 잡습니다.
6. 가위로 줄기를 적당한 길이로 잘라냅니다.
7. 꽃을 꽃병에 꽂습니다.
8. 아이가 해 보도록 합니다.
9. 잘라낸 줄기들은 쓰레기통에 버리고 스펀지로 탁자를 닦습니다.

10 놀이가 끝나면 우드트레이를 선반에 정돈합니다.

아이들은 청소를 하고 주변 환경을 아름답게 만드는 것을 배울 필요가 있습니다. 아이에게 꽃이 꽂힌 꽃병을 어디에 둘지 선택할 수 있게 합니다.

♣ 조개껍데기 닦기

- 적정 연령 : 만 4세
- 준비물
  - 우드트레이 1개
  - 모양과 크기가 다른 여러 조개껍데기를 담은 그릇 1개
  - 빈 그릇 1개 ◆ 작은 솔
  - 천연 세제를 담은 스프레이(예를 들어 식초를 섞은 물)
  - 수건 1개 ◆ 방수천 1개

방법

1 우드트레이를 탁자로 가져와 아이 앞에 둡니다.

2 방수천을 탁자에 깝니다.

3 물건들을 꺼내 사용 방법의 순서대로 진열합니다.

4 조개껍데기를 하나 고릅니다.

5 천연 세제 스프레이를 조금 뿌립니다.

6 솔로 정교하게 문지릅니다.

7 수건으로 닦습니다.

8 빈 그릇에 담습니다.

9 아이에게 다른 조개껍데기를 골라 해 보라고 합니다.

과일과 채소 껍질 깎기

- 적정 연령 : 만 4세
- 준비물
  - 우드트레이 1개
  - 채소와 과일 각각 1개씩
  - 어린이용 과일 껍질 깎는 도구
  - 과일 껍질을 담을 그릇 1개

방법

1 우드트레이를 탁자로 가져와 아이 앞에 둡니다.

2 과일 또는 채소를 왼손으로 잡고 오른손으로는 과일 껍질 깎는 도구를 잡습니다.

3 그릇 위에서 과일 또는 채소의 껍질을 깎습니다. 순서는 위에서 아래로, 안에서 바깥쪽을 향해 깎습니다. 깎는 사람의 몸 쪽을 향하지 않도록 주의합니다.

4 아이가 해 보게 합니다.

♣ 과일과 채소 자르기

- 적정 연령 : 만 4세
- 준비물
  - ◆ 우드트레이 1개
  - ◆ 과일 또는 채소 1개
  - ◆ 도마 1개
  - ◆ 과일 커터
  - ◆ 그릇 1개

방법

1. 우드트레이를 가지고 와서 아이 앞에 놓습니다.
2. 왼손으로 과일 또는 채소를 잡고 도마에 올립니다. 두 손을 직각으로 두고 과일 커터를 잡습니다.
3. 과일 또는 채소를 그 위에 놓고 누르기 시작합니다.
4. 과일 또는 채소를 자르기 시작합니다.
5. 잘라진 조각을 그릇에 담습니다.
6. 아이가 해 보도록 합니다.

♣ 빵에 잼 바르기

- 적정 연령 : 만 4세
- 준비물
  - ◆ 우드트레이 1개
  - ◆ 자른 빵 여러 조각 또는 크래커
  - ◆ 도마 1개
  - ◆ 병에 담긴 잼
  - ◆ 작은 칼 1개
  - ◆ 작은 접시 1개

방법

1 우드트레이를 가지고 와서 아이 앞에 둡니다.

2 잼이 담긴 병의 뚜껑을 엽니다.

3 빵 조각을 왼손에 두고 오른손으로는 칼을 잡습니다.

4 칼로 잼을 떠서 빵 위에 바릅니다.

5 다 바른 빵을 우드트레이에 조심스럽게 놓습니다.

6 아이가 이어서 해 보도록 합니다.

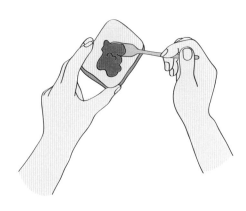

오렌지 즙 짜기

- 적정 연령 : 만 4세
- 준비물
  - 우드트레이 1개
  - 반으로 잘라 그릇에 담은 오렌지 1개
  - 오렌지 즙 짜개 1개
  - 컵 1개
  - 스펀지 1개
  - 밥그릇 1개

방법

1 우드트레이를 가지고 와서 아이 앞에 둡니다.

2 오렌지 반 개를 잡습니다.

3 오른손의 엄지와 검지, 중지를 모아 오렌지 즙 짜개를 잡습니다.

4 오렌지 즙을 짭니다.

5 즙을 컵에 담습니다.

6 흘린 즙은 스펀지로 닦습니다.

7 남은 오렌지 반 개를 그릇에 담습니다.

8 남은 오렌지 반 개의 즙을 아이가 짜 보도록 합니다.

9 주위에 흘린 오렌지 즙을 스펀지로 닦습니다.

♣ 탁자와 의자 닦기

- 적정 연령 : 만 4세
- 준비물
  - ◆ 우드트레이 1개
  - ◆ 방수천 1개
  - ◆ 찬물이 담긴 피처 1개(아이가 스스로 세면대나 싱크대에서 물을 받아올 수 있는 경우 빈 피처로 준비해도 됩니다.)
  - ◆ 작은 그릇 안에 담은 스펀지
  - ◆ 솔 1개
  - ◆ 작은 그릇에 담은 세제
  - ◆ 마른 수건 1개

방법

1 우드트레이를 닦아야 할 탁자나 의자 옆에 둡니다.
2 방수천을 펼쳐 닦아야 할 의자나 탁자 밑에 깝니다.
3 준비물들을 사용하는 순서대로 진열합니다.
4 스펀지를 담은 그릇에 피처에 담긴 물을 조금 붓습니다.
5 스펀지를 잡고 물기를 짭니다.
6 닦아야 할 곳을 왼쪽에서 오른쪽으로, 위에서 아래로 선을 그으며 닦습니다.
7 그릇에 스펀지를 다시 담습니다.
8 솔에 비누를 묻힙니다.
9 시계 반대 방향으로 큰 원을 그리며 거품을 냅니다.

10 스펀지를 잡고 가로로 선을 긋듯이 움직이면서 묻어 있는 비누 거품을 잘 닦아 냅니다.

11 스펀지를 정리합니다.

12 마른 수건으로 표면을 닦습니다.

13 아이가 해 보도록 합니다.

    이 놀이는 많은 순서를 요구합니다. 시연을 해 보일 때는 막힘없이 한 번 만에 해 보여 주어야 아이가 충분히 집중해서 순서대로 따라 할 수 있게 됩니다.

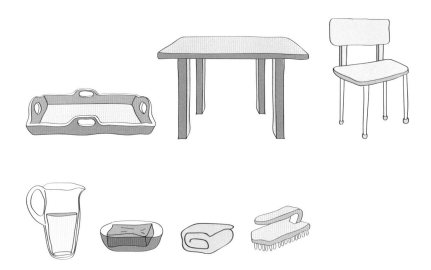

🔅 빨래하기

- 적정 연령 : 만 4세
- 준비물
  - ◆ 세숫대야 2개   ◆ 빨래판 1개   ◆ 양동이 1개
  - ◆ 놀이용 가운 1개   ◆ 우드트레이 1개
  - ◆ 미지근한 물이 담긴 피처 1개(아이가 스스로 세면대나 싱크대에서 물을 받아 올 수 있다면 빈 피처로 준비해도 됩니다.)
  - ◆ 스펀지 1개   ◆ 세탁용 세제
  - ◆ 솔 1개   ◆ 빨래 건조대
  - ◆ 작은 바구니에 담은 빨래집게 몇 개
  - ◆ 빨랫감을 넣은 바구니(인형의 옷 같은 것이 아닌 실제 옷으로 준비합니다.)

방법

1 아이가 놀이용 가운을 입도록 합니다. (선택 사항)
2 피처에 담긴 물을 세숫대야에 붓습니다. 흘린 물방울은 스펀지로 닦습니다.
3 세제를 붓습니다.
4 옷 하나를 세숫대야에 넣습니다.
5 빨래판 위에서 옷을 치댑니다.
6 피처에 깨끗한 물을 담습니다.
7 두 번째 세숫대야에 물을 붓습니다.
8 치댄 빨래를 두 번째 세숫대야에 헹굽니다.
9 빨래의 물을 짭니다.

10 빨래 건조대에 넙니다.

11 빨래집게로 빨래를 집습니다.

12 더러워진 물을 양동이에 붓습니다.

13 아이가 해 보도록 합니다.

이 놀이는 시간이 오래 걸리기 때문에 아이가 충분히 집중력을 가지고 있어야 합니다. 또 빨래집게로 빨래를 집는 방법을 이미 알고 있는 상태에서 진행되어야 합니다.

♣ 거울 닦고 윤기 내기

- 적정 연령 : 만 4세
- 준비물
  - 우드트레이 1개
  - 방수천 1개
  - 유리 광택제 1통
  - 화장솜 몇 개
  - 면봉 1통
  - 마른 수건 1개
  - 빈 그릇 1개
  - 거울 1개

방법

1 우드트레이를 가져와 아이 앞에 놓습니다.
2 방수천을 펼쳐 탁자의 왼쪽 상단에 깝니다.
3 준비물들을 사용 순서대로 왼쪽에서 오른쪽으로 탁자 위에 진열합니다.
4 거울을 방수천 중간에 둡니다.
5 유리 광택제의 뚜껑을 엽니다.
6 화장솜을 오른손 엄지, 검지, 중지를 모아 잡습니다.
7 화장솜 위에 유리 광택제를 조금 묻히고 거울을 닦습니다. 거울 표면과 손은 수평으로 하고, 닦는 순서는 왼쪽에서 오른쪽, 위에서 아래입니다.

8 더러워진 화장솜을 빈 그릇에 버립니다.

9 새로운 화장솜 하나를 꺼내 위쪽에서부터 시계 반대 방향으로 닦
   아 냅니다.

10 더러워진 화장솜을 그릇에 버립니다.

11 거울에 유리 광택제가 더 이상 남지 않을 때까지 계속합니다.

12 엄지, 검지, 중지를 모아 면봉을 잡고, 거울의 위쪽에서 시작해 시
   계 반대 방향으로 구석구석 닦습니다.

13 더러워진 면봉을 화장솜들과 함께 그릇에 버립니다.

14 수건으로 한 번 더 닦습니다.

15 쓰레기가 담긴 그릇을 휴지통에 비웁니다.

16 아이가 해 보도록 합니다.

17 놀이가 끝나면 우드트레이를 처음 상태대로 정돈합니다.

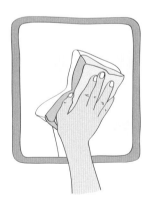

단추 달기

- 적정 연령 : 만 4세
- 준비물
  - 우드트레이 1개
  - 헝겊 조각을 담은 통 1개
  - 바늘을 담은 통 1개
  - 실 한 타래
  - 예쁜 단추들이 담긴 통 1개

방법

1. 우드트레이를 가지고 와서 아이 앞에 둡니다.
2. 헝겊 조각 하나를 잡습니다.
3. 실타래에서 실을 조금 풀어 자릅니다.
4. 실을 바늘귀에 꿴니다.
5. 실의 끝에 매듭을 만듭니다.
6. 단추를 하나 고릅니다.
7. 단추를 헝겊의 중앙에 두고, 헝겊 뒤에 바늘을 꽂아 단춧구멍을 통과하고 다시 바늘을 헝겊 뒤로 꽂습니다.
8. 바늘을 빼고 매듭을 만듭니다.
9. 아이가 해 보도록 합니다.

이 놀이는 복잡하기 때문에 아이가 너무 어릴 때 보여 주지 말아야 합니다. 또 아이의 안전에 주의합니다.

창문 닦기

- 적정 연령 : 만 4세
- 준비물
  - 우드트레이 1개
  - 세제를 담은 스프레이(예를 들어 식초를 섞은 물)
  - 창문 닦개
  - 마른 수건 1개
  - 유아 미술 가운(선택 사항)

방법

1 가운을 입습니다.
2 창문에 스프레이를 뿌리되 왼쪽부터 오른쪽으로, 위에서 아래 순서대로 합니다.
3 창문 닦개로 위에서 아래로 닦습니다.
4 마른 수건으로 닦습니다.
5 아이가 해 보도록 합니다.

아이가 스프레이를 너무 많이 뿌리지 않도록 주의합니다.

씨앗 심기

- 적정 연령 : 만 4세
- 준비물
  - 우드트레이 1개
  - 미술용 가운 1개
  - 방수천 1개
  - 작은 물조리개 1개
  - 찬물을 담은 피처 1개(아이가 물을 스스로 담아올 수 있으면 빈 것으로 준비합니다.)
  - 작은 스펀지 1개
  - 작은 화분 1개
  - 작은 통에 담은 흙
  - 숟가락 1개
  - 휴지 1개
  - 작은 통에 담은 씨앗들

방법

1. 아이가 가운을 입는 것을 도와줍니다.
2. 방수천을 깝니다.
3. 준비물들을 사용 순서대로 왼쪽에서 오른쪽으로 방수천 위에 놓습니다.
4. 화분을 고릅니다.
5. 숟가락으로 흙을 퍼서 화분에 담습니다.
6. 검지를 흙에 꾹 눌러 구멍을 만듭니다.

7 엄지와 검지로 씨앗을 집어 구멍 안에 넣습니다.

8 숟가락을 이용해 흙으로 구멍을 덮습니다.

9 물조리개에 피처의 물을 담거나, 바로 세면대의 물을 담습니다.

10 물조리개로 물을 줍니다. 흘린 물은 스펀지로 닦습니다.

11 휴지로 숟가락을 닦습니다.

12 준비물들을 우드트레이에 정리하고, 방수천에 물을 떨어뜨렸다
면 스펀지로 닦습니다.

13 아이가 해 보도록 합니다.

🌸 식물 보살피기

- 적정 연령 : 만 4세
- 준비물
  - ◆ 우드트레이 1개　◆ 물조리개 1개
  - ◆ 물에 조금 적신 작은 스펀지 1개

방법

1　우드트레이를 식물 옆에 놓습니다.

2　낙엽이 있다면 주워서 쓰레기통에 버립니다.

3　식물에 물을 줍니다.

4　촉촉한 스펀지로 아주 조심스럽게 식물의 잎을 닦습니다. 왼손을 잎의 아래에 대고 해도 됩니다.

5　아이가 처음부터 해 보도록 합니다.

더 나아가기

동물 보살피기

▶ 동물을 보살피는 데 필요한 도구들을 담은 우드트레이를 준비합니다.

▶ 우드트레이에 넣을 도구들은 동물의 특성과 필요에 맞게 준비하되, 동물을 보살피는 데 필요한 것들을 전부 담습니다.

▶ 도구들을 가지고 동물을 돌봐 줍니다.

3부

······

감각 영역 놀이

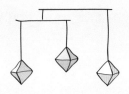

몬테소리 교육에서는 아이들의 오감 발달을 강조합니다. 이는 적절한 교육도구를 사용해 아이들에게 색깔, 부피, 모양, 무게, 냄새, 소리 등을 점차적으로 배우게 하는 것입니다.

아이들은 이러한 감각이 발달하면서 주변 세상을 발견하게 됩니다. 섬세한 감각을 가질수록 자신이 살고 있는 세상을 더 잘 알아갈 수 있습니다. 어른이 되어버리면 감각 발달에 대한 교육을 받는 것이 어렵습니다. 그래서 이에 대한 교육은 어릴 때 시작하는 것이 좋습니다.

> 아이들은 감각을 통해 주변 세상을 발견한다.

마리아 몬테소리는 아이들의 감각 발달을 향상시키기 위해 감각 교육도구를 개발했습니다. 감각 영역의 교육 방법은 다음과 같습니다.

비교와 대조를 통한 지각의 식별

순서 정하기와 분류하기

개념화와 일반화

아이들은 이 세 가지 방법을 통해 현실을 정확하게 이해하게 됩니다. 즉, 아이들은 더 명확하게 갈피를 잡게 되는 것입니다. 마리아 몬테소리는 아이들이 더 의식적인 관찰자가 되며, 좀 더 세밀하게 지각할 수 있다고 했습니다.

우리는 아이가 살고 있는 환경에 맞는 적절한 자극제를 두어 아이의 감각을 점진적으로 발달하게 할 수 있습니다. 그리고 감각이 발달하면 실수를 했을 때 이를 감지할 수도 있습니다. 듣기나 보기 등의 감각이 늦게 발달하면 나중에 고치는 것은 어렵습니다.

마리아 몬테소리는 이같이 말했습니다.

감수성을 예민하게 하는 것은 아이의 감각을 증대시키며 서로 다름과 장애를 측정하는 능력을 발달시킨다. 아름다움은 조화에 있는데, 이를 인지하기 위해서는 섬세한 감수성이 있어야 한다. 자연과 예술 등 조화의 미는 감수성이 성장한 이들만이 찾을 수 있다. 세상에는 기쁨을 주는 많은 요소들이 있지만 감성이 없고 짐승같이 산다면 이러한 요소들이 앞에 다가와도 알지 못하게 된다. 삶을 즐겁게 하는 요소는 감성을 가지고 이것을 찾는 자에게 보인다.

악인들에게 자주 보이는 습관 중 하나가 강한 자극제 속에서 산다는 것이다. 실제로 강한 자극제는 감성을 발달시키지 못하고, 삶에 필요한 감각을 약화하며 폭력적이게 된다.

감각 발달 도구를 통한 교육은 질서 민감기에 유용합니다. 이는 아이가 정리할 일이 자주 있고, 집중력을 길러 주는 활동이 많기 때문입니다.

또한 어휘의 발달에 도움이 되는데 특히 '가장 매끄러운', '가장 거친', '가장 짙은', 또는 '가장 옅은' 등 비교급과 최상급의 어휘가 발달하게 됩니다.

감각의 발달은 글을 익히는 데도 상당한 도움이 됩니다. 읽기를 잘 하기 위해서 중요한 것은 잘 듣는 것입니다. 청각이 민감한 아이는 'ㅁ', 'ㄴ'과 같이 비슷한 발음도 잘 구분하게 되며, 소리 기억력이 발달하면 모든 언어의 소리들을 잘 기억하게 됩니다.

> 감각의 발달은 아이의 읽기 교육에 상당한 도움이 된다.

비슷하게 보여 혼동하기 쉬운 글자도 시각이 발달한 아이에게는 다르게 보이므로 편안하게 읽고 쓸 수 있습니다.

도구 준비

감각 영역 놀이에 사용되는 도구는 성질이 일정하게 구분되어야 하며, 감각 발달 교육용으로만 사용되어야 합니다. 감각 영역의 교육은 감각별로 따로 해야 아이의 오감이 더욱 골고루 발달하게 됩니다.

만약 청각 발달 교육용으로 그릇을 찾아야 할 경우, 같은 것으로 준비해야 합니다. 이는 소리의 차이를 색깔, 모양 등의 차이로 인해 헷갈리게 하지 않기 위해서입니다.

촉각 발달 교육을 할 때는 안대 등으로 눈을 가리는 것이 좋습니다. 시각이 영향을 끼쳐 촉각 발달에 방해를 하지 않기 위해서입니다. 예를 들어 촉감으로 같은 재질의 헝겊 짝 맞추기를 할 때, 아이가 눈으로 보게 되면 촉감이 같은 헝겊 짝을 맞추는 데 방해가 됩니다.

만약 아이가 안대를 하기 싫어한다면 스카프나 수건 등으로 준비물들을 가리고 그 안에 손을 넣어 만져 볼 수 있도록 합니다.

감각 영역 놀이를 할 때에는 보통 짝 맞추기를 하고, 같은 성질을 파악하며, 짝을 하나씩 분리해서 아이에게 표시를 하게 합니다. 이러한 방식으로 아이들은 공통점과 차이점을 배우게 됩니다.

또한 준비물의 성질에 따라 여러 가지 형태의 도구를 준비하는 것이 중요합니다. 특히 시각 발달 교육을 할 때 분류를 자주 하게 되는데, 각각의 성질에 따라 여러 번의 분류를 하기 때문입니다. 예를 들어 색깔별로 분류를 하기로 했다면 물건의 모양은 같아야 합니다. 반대로 모양에 따라 분류를 하기로 했다면 색깔이 같아야 합니다.

놀이를 할 때 실행하는 물건의 양은 너무 많지 않게 제한합니다. 이는 아이가 놀이를 끝까지 하게 할 수 있습니다. 처음에는 조금씩 해보고 점차적으로 늘려야 합니다.

준비물들은 예쁜 것일수록 좋습니다. 이는 감수성 발달은 물론이고, 아이가 놀이를 하고 싶은 마음이 들게 하기 때문입니다.

맞는 답을 찾고 실수를 관리하는 과정도 중요합니다. 아이가 실수를 했을 때 스스로 해결하는 방법을 가르치기 위해서입니다.

⬛ 빨래집게를 사용해 정답을 확인하고 실수 관리하기

준비물들은 같은 선반에 구분해서 보관하는 것이 중요합니다. 구분을 할 때는 감각별로 하고, 쉬운 것부터 어려운 것을 순서대로 정리하되, 왼쪽에서 오른쪽, 위에서 아래 순서로 해야 합니다. 준비물은 일반적으로 우드트레이나 바구니에 담아서 보관합니다.

부모나 교사는 바구니나 우드트레이를 정기적으로 바꾸어 주는 것이 좋습니다. 즉 계절이나 명절, 행사 등을 고려해 그에 맞게 준비해 줍니다. 예를 들어 가을에는 밤, 도토리, 헤이즐넛 등을 분리하는 놀이를 해 볼 수 있고, 겨울에는 눈송이가 그려진 카드를 가지고 놀 수도 있겠습니다. 카드를 가지고 가장 작은 눈송이부터 큰 눈송이까지 찾아 정리하는 놀이를 해 보는 것입니다.

감각 발달은 오감 모두 골고루 발달시키는 것이 중요합니다. 후각과 미각은 주로 시각과 촉각, 청각이 우선되는 것과 같이 연결이 되어 있다는 것을 잊지 말아야 합니다.

감각 발달을 위한 교육도구는 적은 예산으로도 충분히 집에서 만들 수 있습니다.

놀이 소개

이 영역의 놀이를 준비하는 방식은 일상생활 영역 놀이와 같습니다. 놀이를 시작하기 전, 새로운 도구로 놀이를 하려는 것에 아이도 동의하는지 물어보아야 합니다. 아이가 동의하면 선반에서 교육도구를 찾아옵니다. 도구를 사용하는 모습을 보여 줄 때는 최대한 말을 하지 않는 것이 중요합니다. 또 동작은 되도록이면 천천히 하는 것이 좋습니다. 이어서 아이에게 해 보라고 하고, 아이가 원하면 다시 해볼 수 있습니다.

그러고 나서 놀이가 끝나면 준비물은 아이가 선반에 정리하도록 합니다.

부모가 시범을 보여 주고 나서 아이가 혼자서 해 보는 시간에는 굳이 어른이 곁에 붙어 있을 필요는 없습니다. 아이의 자율성을 기르고, 아이가 혼자서 공부하는 법을 익히는 것이 중요하기 때문입니다.

마찬가지로 선반에 있는 여러 가지의 준비물이 담긴 우드트레이 중에서 아이가 원하는 것을 고를 수 있게 해야 합니다. 특히 어떤 놀이를 하도록 권위적으로 강요해서는 안 됩니다.

🔵 흑백 이미지

● 적정 연령 : 신생아부터

세상에 태어나자마자 아이는 자기의 얼굴 앞에 있거나, 명암이 짙은 주변에 있는 물건들에 집중하는 능력을 가지고 있습니다.

동물 모양이나 추상적인 모양의 흑과 백의 이미지들을 만들고, 자른 뒤 코팅을 합니다. 이것을 아이의 요람이나 벽, 아이 방에 있는 가구 등에 붙입니다.

🌰 모빌

탄생 후 일주일간 아이가 보는 모빌은 아이의 시각적 탐구력을 기르는 데 도움이 됩니다. 움직이는 물건을 따라 시선을 고정하는 법, 색을 관찰하는 법, 입체감을 감지하는 능력이 점진적으로 발달합니다. 모빌은 정기적으로 바꾸어 주어야 하는데 이때 모빌을 다는 위치는 일정해야 합니다.

순수하게 시각 발달을 위하여 모빌은 어떤 소리도 내지 않는 것이 좋습니다. 또 모빌의 움직임은 자연적인 공기의 흐름으로만 움직여야 합니다. 모빌의 소재는 자연적인 것이어야 하고, 모빌을 다는 시기는 아이가 태어나자마자부터입니다.

모빌은 아래와 같은 순서로 준비합니다.

* 무나리(Munari) 모빌 : 흑백의 기하학적인 평면 도형과 조명에 반사될 수 있는 투명한 구형으로 구성된 모빌
* 고비(Gobbi) 모빌 : 색실을 감은 5개의 구형으로 색깔은 같은 것이되 채도만 다르게 그라데이션되며, 색이 짙은 것부터 연한 것 순서로 매달아 놓은 모빌
* 8면체 모빌 : 종이로 된 팔면체 3개의 색깔이 각각 다른 모빌

◆ 춤추는 모빌 : 반짝이는 색깔의 포장지로 만들며, 작은 공기의 흐름에도 움직여 춤추는 것처럼 보이는 모빌

이 밖에도 나무로 만든 모빌, 비행기 모양, 새 모양, 나비 모양 등의 실제 하늘에 있는 것들을 본딴 밝은 색의 모빌 등을 준비할 수도 있습니다. 이때 주의할 것은 코끼리나 자동차 같은 것은 모빌로 달지 않는 것이 좋습니다. 이것들은 하늘에 있는 것이 아니기 때문입니다.

모빌은 아이의 손이 닿는 높이로 다는 것이 좋습니다. 처음에는 아이가 아무렇게나 모빌을 만지겠지만 곧 조금씩 모빌을 다루는 법을 알게 될 것입니다. 아이에게 엄청난 집중력이 생기고, 팔을 움직이는 법을 알아가는 과정입니다.

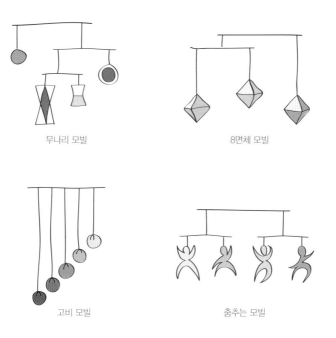

무나리 모빌　　　　　　8면체 모빌

고비 모빌　　　　　　춤추는 모빌

촉감이 다른 공놀이

● 적정 연령 : 2개월

아이들은 감각을 통해 세상을 배워가기 때문에 다른 질감을 경험하는 것이 중요합니다. 아이를 위해 공을 살 때 플라스틱, 천, 나무, 고무 등 다른 재질로 2개씩 준비합니다. 처음에는 아이가 이것들을 만지고, 입으로 가져가 보고, 굴려 보면서 감각을 경험하게 됩니다.

점차적으로 같은 재질의 쌍을 맞추어 보는 놀이 등으로 발전시킬 수 있습니다. 또한 천 주머니에 넣어서 만져 보게 할 수도 있습니다.

딸랑이 달기

아이의 움직임이 활발해지는 시기에 접어들면 딸랑이 모빌을 달아 줍니다. 한 줄에는 방울을 달고, 다른 하나에는 고리를 답니다.

이 두 가지는 여러 장소에 달되, 지지대가 튼튼한 곳에 달아 줍니다. 높이는 아이의 가슴 쪽에 가깝게 달아서 아이가 잡고 놀 수 있도록 합니다. 주로 고무줄로 답니다.

아이들은 무의식적으로 움직입니다. 그래서 처음에는 딸랑이가 원래 모양대로 저절로 돌아온다고 느끼겠지만, 아이는 자기의 움직임이 딸랑이가 움직이는 환경에 영향을 끼친다는 것을 곧 알게 됩니다.

감각 튜브

- 적정 연령 : 6개월
- 준비물
  - 작은 플라스틱 병 또는 튜브(깨끗하고 튼튼하며 곧은 일자 모양)
  - 색깔이 있는 반짝이
  - 파라핀 오일
  - 쌀, 렌틸콩
  - 글루건

방법

1 병을 깨끗하게 닦고 말립니다.
2 쌀 또는 렌틸콩, 반짝이를 섞은 파라핀 오일을 병에 담습니다. 반짝이와 파라핀 오일을 담을 때는 가득 채우지 말고 병 속의 1센티미터 정도는 비워 둡니다.
3 뚜껑을 닫고 뚜껑과 병이 닿는 부분을 글루건으로 붙입니다.
4 아이가 감각 튜브를 가지고 놀게 합니다. 12개월 정도가 되면 짝 맞추기 놀이를 해 봅니다.

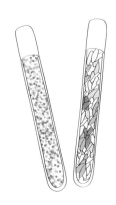

소리 나는 책

● 적정 연령 : 8개월

아이의 청각을 발달시키는 것은 필수적입니다. 이는 아이의 집중력과 기억력, 이해력을 향상시키는 데 도움이 될 뿐만 아니라 독서를 함에 있어서도 매우 중요합니다.

아동 서적 코너에서 테마별로 소리 나는 동화책(동물농장, 모차르트 클래식 음악 등)을 쉽게 구할 수 있습니다. 아이는 작은 버튼을 눌러 책에서 나는 소리를 들을 수 있습니다.

♣ 짝 맞추기 놀이

● 적정 연령 : 18개월
● 준비물
  ◆ 10개의 카드 세트(총 20개)
    (카드는 각각 다른 모양과 다른 색깔로 쌍을 이루어 준비합니다. 예를 들어 한 카드에 빨간 정삼각형을 그리고, 다른 카드에는 큰 파란색의 정사각형을 그립니다. 이미 바탕 그림 모형을 가지고 있다면 사용해도 됩니다.)
  ◆ 상자 1개
  ◆ 매트 1개

방법

1 아이를 불러 놀이에 초대합니다.

2 아이가 매트를 깔도록 합니다.

3 상자를 가지고 와서 매트 위에 놓고, 카드들을 왼쪽에서 오른쪽으로 진열합니다.

4 첫 번째 카드를 집어 설명합니다. 예를 들어 "이것은 빨간색의 커다란 정삼각형이야"라고 말합니다. 그러고 나서 같은 카드를 옆에 놓습니다.

5 모든 카드의 짝을 맞추면 카드를 다시 섞고 펼쳐서 아이가 해 보도록 합니다.

6 모든 카드의 쌍을 맞추면 아이가 상자를 정돈하도록 합니다.

7 선반에 정돈합니다.

어린아이와 놀이를 할 때는 커다란 빨간색 정삼각형과 커다란 파란색 정사각형 등 차이점이 큰 카드로 두 쌍만 가지고 합니다. 한 쌍을 맞출 때 다른 카드를 옆에 두어도 됩니다.

TIP

짝을 맞추면서 물건을 분별하는 과정을 통해 정신과 신체가 발달하며, 이는 숫자 감각 능력 발달에 튼튼한 기초가 됩니다.

새소리 놀이 1

- 적정 연령 : 18개월
- 준비물
  - 다른 소리가 나는 3쌍의 새 모양 피리
  - 매트 1개

방법

1 새 모양 피리들을 매트 위에 왼쪽에서 오른쪽 순서로 수평으로 진열합니다.

2 새 모양 피리 한 개를 들어 입으로 붑니다.

3 두 번째 것을 불어 소리를 나게 합니다. 나머지들을 계속해 6개 모두 소리를 내어 봅니다.

4 하나를 불어 매트 위에 놓으면서 "같은 소리를 찾아보자"라고 말합니다.

5 다른 피리를 불어 가며 매트 위에 놓은 것과 같은 소리가 나는 것을 찾아봅니다.

6 쌍을 찾으면 같은 소리가 나는 것끼리 붙여 놓습니다.

7 계속해서 세 쌍을 옆에 놓습니다.

8 아이가 이어서 해 보도록 합니다.

새소리 놀이 2

- 적정 연령 : 18개월
- 준비물
  - 3개의 새 모양 피리
  - 3개의 새 모양 피리와 같은 소리를 내는 새 그림

방법

1 그림을 하나 골라 새 이름을 말해 줍니다.

2 왼쪽에서 오른쪽으로 진열합니다.

3 피리를 하나 골라 소리를 내고 새의 이름을 말해 줍니다.

4 피리가 내는 소리의 주인공인 새 그림 옆에 피리를 둡니다.

5 3쌍을 모두 해 봅니다.

6 아이가 처음부터 같은 놀이를 해 보도록 합니다.

🃏 기억 놀이

- 적정 연령 : 18개월
- 준비물
  - 서로 다른 테마의 카드 3쌍

방법 1

카드에 있는 그림을 보여 주면서 아이에게 기억하게 합니다. 이미지한 개를 골라 같은 그림의 카드 옆에 두게 합니다. 두 번째 카드의 그림의 쌍을 찾아보게 합니다. 이어서 세 번째 카드도 해 봅니다.

방법 2

카드를 뒤집어서 해 봅니다.

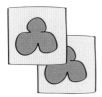  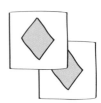

🍀 색깔 분류 놀이

- 🌐 적정 연령 : 18개월
- 🌐 준비물
  - ◆ 6개의 빨간색 판, 6개의 파란색 판, 6개의 노란색 판
  - ◆ 판들을 색깔별로 분류해서 넣을 수 있는 상자 1개
  - ◆ 매트 1개

방법

1 아이가 놀이를 하도록 초대합니다.

2 아이가 매트를 펴고 준비물을 매트 위에 놓게 합니다.

3 빨간색 판 6개를 꺼냅니다. 그중 1개를 매트 오른쪽에 놓습니다.

4 파란색과 노란색도 1개씩 꺼내 빨간색을 놓은 오른쪽 옆에 한 줄로 놓습니다.

5 남은 판들을 무작위로 매트의 중앙에 둡니다.

6 이 중 빨간색 판을 골라 처음에 둔 빨간색 판 아래에 둡니다.

7 파란색과 노란색도 해 봅니다.

8 판을 섞습니다.

9 아이가 해 보도록 합니다. 아이가 망설이면 어른이 한 번 더 짝 맞추기를 보여 줍니다. 이때는 같은 색을 판 아래에 둘 때 색깔의 이름을 말해 줍니다.

10 판을 정리합니다.

색깔 분류 놀이는 다른 형태로도 가능합니다. 같은 놀이를 빨랫감

이나 일상에서 보이는 다양한 것들로 해 볼 수도 있습니다. 아이가 이 놀이를 잘하지 못하면 '한 번씩 돌아가며 해 보기' 형식으로 합니다. 부모가 먼저 한 번 해 보이고, 그 다음에 아이가 편안하게 해 보도록 합니다.

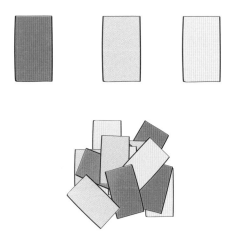

🔵 모양 분류 놀이

- 🔵 적정 연령 : 18개월
- 🔵 준비물
  - ◆ 우드트레이 1개
  - ◆ 큰 통 1개
  - ◆ 그릇 2개
  - ◆ 매트 1개
  - ◆ 블록이나 공 등 2가지의 다른 형태의 물건 5개

    (분리만 할 수 있으면 무슨 물건이든 사용할 수 있습니다. 다만 한 쌍을 이루는 물건의 모양은 같아야 합니다.)

방법

1 아이가 놀이를 할 수 있도록 초대합니다.

2 아이가 매트를 폅니다.

3 우드트레이를 매트 위에 놓고 아이와 함께 매트 위에 앉습니다.

4 통의 뚜껑을 열고 옆에 놓습니다.

5 그릇 두 개를 매트 위에 놓습니다.

6 블록을 하나 꺼내 "이것은 블록이야"라고 말해 줍니다. 블록을 왼쪽 그릇 안에 넣습니다.

7 공을 하나 꺼내 "이것은 공이야"라고 말해 줍니다. 공을 오른쪽 그릇 안에 넣습니다.

8 놀이는 항상 왼쪽에서 오른쪽 순서로 하지만, 아이가 다른 방향으로 해도 상관없습니다.

9 모든 물건들을 분류합니다.

10 분류를 다 했으면 물건들을 다시 섞어 통에 넣습니다.

11 아이가 해 보도록 합니다.

12 준비물들을 정리합니다. 아이가 계속해서 해 보고 싶어 하면 계속
합니다.

TIP

분류하기 놀이는 감각 영역과 수 영역의 발달이 섞인 아동 뇌발달 교육 형태입니다.

크기 분류 놀이

● 적정 연령 : 18개월

모양과 색깔은 똑같고 크기만 다른 물건을 여러 개 준비합니다.

예를 들어 분류한 것을 담을 그릇 3개를 준비하고, 또 단추 9개(큰 것 3개, 중간 크기 3개, 작은 것 3개)를 준비할 수 있습니다. 또는 같은 색 깔의 반짝이 9개(큰 것 3개, 중간 크기 3개, 작은 것 3개)를 준비할 수도 있습니다.

모양과 색이 같고 크기만 다르다면 어떤 물건이라도 좋습니다. 각각의 물건을 크기대로 분류해 봅니다.

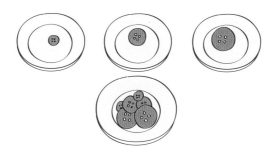

♣ 계절별 분류 놀이

● 적정 연령 : 18개월

   한 번에 한 가지 과제만 하는 법칙을 기억합니다. 만약 색깔별로 분류하는 놀이를 하기로 했다면 물건의 모양과 크기는 같아야 합니다. 그리고 모양별로 분류하기를 한다면 색깔과 크기는 같아야 합니다.

   봄에는 같은 종류의 꽃 모양 단추를 크기별로 큰 것 3개, 중간 크기 3개, 작은 것 3개로 분류해 볼 수 있습니다.

   여름에는 작은 나무 블록들을 분류해 볼 수 있습니다. 모자, 선글라스, 아이스크림 등 모양에 따라 3개씩 분류해 보세요.

   가을에는 밤 3개, 헤이즐넛 3개, 호두 3개로 놀이할 수 있습니다.

   겨울에는 3개의 작은 잔을 준비해 전나무(크리스마스 트리) 잎을 빨간색 3개, 초록색 3개, 금색 3개씩 분류해 보라고 할 수 있습니다.

   아이가 분류 놀이를 잘하고 물건을 다루는 방법을 알게 되면 핀셋이나 숟가락 등의 물건으로 분류 놀이를 해 봐도 좋을 것입니다.

주머니 속 물건 짝 고르기

- 적정 연령 : 18개월
- 준비물
  - 2개의 주머니(20 x 30센티미터 정도가 좋으며, 각 주머니는 빨간색과 파란 색 줄로 구분되어 있어야 합니다.)
  - 3~4쌍의 물건들
  - 매트 1개

방법

1. 주머니들을 탁자나 매트로 가지고 옵니다.
2. 주머니 하나를 아이에게 주고 아이 앞에 두도록 합니다.
3. 주머니 안에 있는 물건 하나를 천천히 잡습니다.
4. 아이에게 "내가 물건 하나를 만지고 있어"라고 하고, 그것을 꺼내면서 이름을 말해 줍니다.
5. 물건을 탁자나 매트 위에 놓되, 왼쪽 상단에 둡니다.
6. 아이가 자기의 주머니에서 똑같은 물건을 찾게 합니다.
7. 찾아내면 똑같은 물건 두 개를 탁자나 매트 위에 놓습니다.
8. 3~4개의 쌍을 계속해서 찾아봅니다.
9. 아이가 쌍을 잘 찾을 때가 되면, 혼자서 해 보라고 합니다.

색깔상자 1

- 적정 연령 : 만 2세
- 준비물
  - 단색의 판 6개를 담은 상자(빨간색 2개, 파란색 2개, 노란색 2개)

방법 1

1. 탁자나 매트 위에서 놀이를 해 봅니다.
2. 판의 가장자리를 잡으면서 상자에서 한 개씩 꺼냅니다.
3. 탁자나 매트 위에 판들을 흐트려 놓습니다.
4. 판 하나를 골라 손가락으로 잡고 탁자 위에 놓습니다.
5. 같은 색의 두 번째 판을 골라 옆에 둡니다.
6. 다른 색의 판을 골라서 아이에게 "네가 같은 색의 판을 찾을 수 있겠니?" 하며 권유합니다.
7. 아이가 이어서 해 보도록 합니다.

방법 2

1. 같은 색깔별로 판을 정돈합니다.
2. 3단계로 색깔의 이름을 가르쳐 줍니다.
   - 1단계 : "오늘 너에게 색깔 이름을 알려 줄게"라고 하면서 빨간색 판을 들어 보이며 '빨간색', 파란색 판을 들어 보이며 '파란색', 노란색 판을 들어 보이며 '노란색'이라고 가르쳐 줍니다.
   - 2단계 : "네가 빨간색, 파란색, 노란색이 뭔지 보여 줘"라고 하면

서 판을 섞습니다. "파란색을 골라 줘", "빨간색을 골라 줘", "노란색을 골라 줘" 하고 판을 찾게 합니다. 아이가 색깔을 잘 이해할 때까지 해 봅니다. 아이가 틀릴 경우에는 "넌 틀렸어"나 "아니야"라고 말하지 말고 1단계를 다시 합니다.

- 3단계 : 판을 하나 골라서 아이 앞에 두면서 "이게 뭐지?"라고 색깔의 이름을 물어 봅니다. 이어서 다른 색의 판도 해 봅니다.

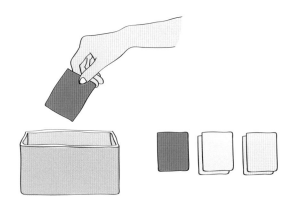

🔵 연산

- 🔵 적정 연령 : 만 2세
- 🔵 준비물
  - ◆ 빨간색 정삼각형 10개, 노란색 원 10개, 파란색 정사각형 10개
  - ◆ 상자 1개
  - ◆ 매트 1개

방법

1 아이가 매트로 와서 놀이를 하도록 부릅니다.

2 아이가 매트를 펴고, 어른은 상자를 가지고 와서 매트 위에 올려 둡니다.

3 빨간 정삼각형과 파란 정사각형으로 알고리즘을 만듭니다. 예를 들어 정삼각형 1개, 정사각형 2개, 정삼각형 3개, 정사각형 1개, 정삼각형 5개를 매트에 길게 늘어 놓습니다.

4 방금 만든 알고리즘에 들어간 도형의 순서를 지키면서 똑같은 것을 한 줄 밑으로 이어 만들어 두 줄을 만듭니다.

5 도형을 섞습니다. 아이가 해 보도록 합니다.

6 아이가 어떤 도형으로든 알고리즘을 만들어 보도록 지켜봅니다.

7 아이와 함께 준비물을 정리합니다.

　만약 아이가 연산 놀이를 잘한다면 단추나 빨래집게, 작은 장난감 등으로 비슷한 놀이를 해 볼 수 있습니다. 더 어린 아이들에게는 알고리즘을 만드는 각각의 도형을 3개씩만 준비해서 해 보게 합니다.

도형을 고를 때마다 아이에게 도형 이름을 알려 주는 것을 잊지 마세요. 예를 들어 '커다랗고 빨간 세모', '커다랗고 파란 네모' 등으로 알려 주면서 아이도 따라 하게 해 봅니다. 아이가 똑같이 따라 하지 못하는 것은 당연합니다. 하지만 한 번이라도 듣게 하는 것이 중요합니다.

TIP

연산의 이해는 수학을 잘하는 데 필요한 중요한 관문입니다. 이 활동은 아이가 수학적인 능력을 기르기 시작하도록 도와줍니다.

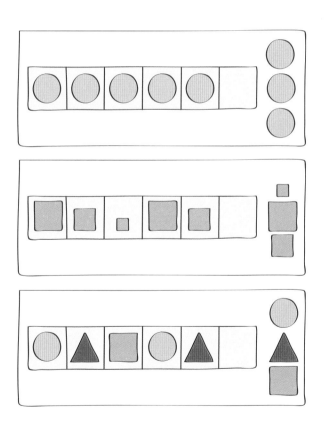

🔍 돋보기 놀이

- 적정 연령 : 만 2.5세
- 준비물
  - ◆ 4쌍의 그림(그림의 크기는 하나는 정상적인 크기로, 하나는 돋보기로 봤을 때 잘 보이도록 작은 크기가 좋습니다.)
  - ◆ 짝을 맞추어 뒷면에 색깔 스티커를 붙인 각각의 카드 (총 4색×2개=총 8개가 필요합니다.)
  - ◆ 돋보기 1개
  - ◆ 매트 1개

방법

1 매트 위 왼쪽 편에 큰 그림들을 한 줄로 줄을 세워 세로로 늘어 놓습니다.

2 오른쪽에는 작은 그림들을 한 줄로 줄을 세워 세로로 가지런히 놓습니다.

3 왼쪽 상단에 있는 그림을 보여 줍니다.

4 돋보기를 손에 들고 오른쪽 줄에 있는 작은 그림들을 돋보기를 통해 위에서 아래 순서대로 보여 줍니다.

5 오른쪽 줄의 맨 위에 있는 그림과 같은 그림을 왼쪽에 있는 큰 그림들 중에서 찾아봅니다. 찾으면 작은 그림을 움직여 같은 모양의 큰 그림 옆에 둡니다.

6 오른쪽 줄 두 번째 작은 그림도 짝을 찾아봅니다.

7 아이가 이어서 해 보도록 합니다.

8 아이가 맞았는지 틀렸는지를 알아보기 위해 카드를 뒤집어 뒷면에 붙은 색깔 스티커가 서로 같은지 확인해 보여 줍니다.

색깔상자 2

- 적정 연령 : 만 2.5세
- 준비물
  - 22개의 판이 들어 있는 긴 상자 하나
  - 빨간색 2개, 파란색 2개, 노란색 2개, 초록색 2개, 연보라색 2개, 흰색 2개, 검은색 2개, 밤색 2개, 분홍색 2개, 회색 2개, 주황색 2개 등 각각 다른 11개 색으로 준비한 판 22개

방법

1 모든 판을 꺼내 순서없이 섞습니다. (색깔상자 놀이 1과 같은 방식)
2 같은 색의 짝을 찾아서 한 쌍을 놓고, 그 밑에 다른 쌍을 놓습니다.
3 아이가 이어서 해 보도록 합니다.
4 놀이가 끝나면, 나머지 판은 정리하고 3가지 색깔의 쌍만 둡니다. (아이가 '색깔상자 1' 활동에서 놀이를 한 색깔의 이름을 기억하는지 확인해 봅니다.)
5 3단계로 색깔 이름을 가르쳐 줍니다.
6 며칠 지나고 나서 아이에게 전에 보았던 색깔 이름을 기억하는지 확인해 봅니다. 그리고 다른 색깔을 3가지씩 꺼내 색깔 이름을 가르쳐 줍니다.

비밀주머니

- 적정 연령 : 만 3세
- 준비물
  - 열 개 정도의 작은 물건이 들어 있는 주머니

방법

1 여러 명의 아이들을 탁자로 불러 모아 놀이를 같이 하자고 합니다.

2 물건이 들어 있는 주머니에 손을 넣습니다.

3 손으로 주머니 속 물건 하나를 잡되 꺼내거나, 보지도 말고, 이 물건의 특징을 설명하면서 무엇인지 맞추어 보라고 합니다. (재질, 크기, 모양, 온도 등)

4 어떤 아이가 그 물건이 무엇인지 맞추면 물건을 꺼내 탁자 위에 올립니다.

5 한 아이에게 방금 어른이 한 것처럼 손만 넣어서, 잡은 물건의 특징을 설명해 친구들이 맞추어 보라고 합니다.

6 어떤 아이가 그 물건이 무엇인지 맞추면 그것을 꺼내 탁자에 올려 놓습니다.

7 놀이가 끝나면 아이에게 물건들을 주머니 안에 넣고, 주머니를 제자리에 가져다 놓으라고 합니다.

👣 옷감 놀이

- 적정 연령 : 만 3세
- 준비물
  - ◆ 정사각형(14×14센티미터)의 헝겊 조각 5쌍이 든 상자 1개
    (5가지의 헝겊은 특성이 다른 것으로 준비합니다. 예를 들어 망사, 비단, 새틴, 면, 양모 등)
  - ◆ 안대 1개

방법

1 헝겊들을 상자에서 꺼냅니다.
2 촉감이 각기 다른 헝겊을 만져 보라고 합니다.
3 아이에게 안대를 하라고 합니다.
4 헝겊 하나를 손 전체로 만져 보는 방식으로 같은 짝을 찾아보게 합니다.
5 한 손을 헝겊에 대고 손 전체로 만져 보게 합니다. 그리고 다른 손은 그 헝겊의 짝을 만져 보게 하되 손 전체가 아닌 손끝으로 만져 보게 합니다.
6 두 쌍은 어른이 도와주는 상태로 찾아보게 하고, 나머지는 아이 혼자서 해 보도록 합니다.
7 찾은 쌍은 한 줄로 짝을 지어 배열해 놓습니다.
8 놀이가 끝나면, 아이가 눈을 뜨고 확인하도록 합니다.

색깔상자 3

- 적정 연령 : 만 4세
- 준비물
  - 9가지 색깔의 판이 각각 7개씩 담긴 상자 하나

    (빨강색, 파랑색, 노랑색, 초록색, 연보라색, 밤색, 회색, 분홍색, 주황색으로 각 색깔 그룹에 속한 판들은 명도가 달라야 합니다.)

방법

1 아이에게 상자 속에 있는 색깔판들 중에서 마음에 드는 한 가지 색깔을 고르라고 합니다.

2 같은 색깔 그룹의 7개 판을 꺼냅니다.

3 색깔 그룹 중 가장 짙은 것을 골라 왼쪽에 놓습니다.

4 가장 옅은 것을 오른쪽에 놓습니다.

5 두 번째로 옅은 색의 판을 집어 4 에서 둔 것의 왼쪽에 놓습니다.

6 아이에게 이어서 해 볼 수 있는지 물어보고, 아이가 이어서 해 보도록 합니다.

7 며칠 후, 다른 색깔로 같은 놀이를 해 봅니다.

8 다른 날에 두세 개의 색을 골라 아이가 가장 짙은 것부터 가장 옅은 것까지 한 줄로 세워 보도록 합니다.

▶ 모든 색깔을 꺼내서 햇살 모양을 만들어 봅니다. 짙은 색깔들을 모아 동그라미를 만듭니다. 두 번째로 짙은 것들을 각각의 색깔 다음에 놓고, 이어서 가장 옅은 것까지 줄을 세워 봅니다. 중앙에 노란색 동그라미를 놓고, 그 가장자리를 둘러싸며 햇살 모양을 만들어 볼 수도 있습니다.

▶ 아이가 다른 색깔과 섞어서 줄을 세우지 않도록 주의합니다. 왜냐하면 어떤 색들은 혼동하기 쉽기 때문입니다.

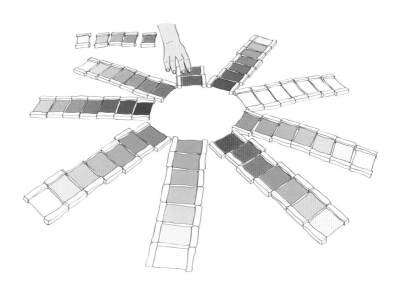

미각 분류 놀이

● 적정 연령 : 만 4세
● 준비물
  ◆ 8개의 스포이트병과 스포이트병의 크기에 맞는 칸막이가 있는 상자 1개
  ◆ 스포이트병에 4가지 맛을 탄 물(설탕물, 소금물, 쓴맛을 넣은 물, 식초 넣은 물 각 2병씩)을 넣습니다.
  ◆ 키친타올

방법

1 각각의 맛이 들어 있는 병에서 스포이트로 액체를 빨아들인 다음
   아이의 손에 한 방울을 떨어뜨립니다.

2 아이가 혀로 그것을 맛보게 합니다.

3 맛을 확인한 병을 아이의 왼쪽에 둡니다.

4 다른 병을 골라 아이의 손에 한 방울을 떨어뜨린 다음 "이것은 같
   은 것이야", 또는 "이것은 다른 것이야"라고 일러 줍니다.

5 처음에 맛을 본 것과 같은 맛이라면 3 에 둔 병의 오른쪽에 그 병
   을 놓습니다.

6 다른 병을 골라 아이가 해 보도록 합니다.

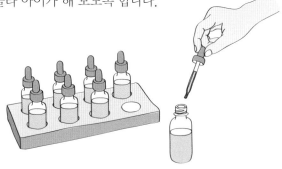

🌰 향기 나는 병

- 적정 연령 : 만 4세
- 준비물
  - 8개의 작은 병이 들어간 상자 1개
  - 4개의 다른 향(초콜릿 향, 민트 향, 커피 향, 라벤더 향 등)

방법

1 병을 하나 꺼내 뚜껑을 열고 향을 맡아 본 다음, 아이에게 향을 맡게 합니다.

2 병을 탁자 위에 놓되, 아이 앞에 둡니다.

3 다른 줄에서 병을 하나 골라 향을 맡고, 아이에게 향을 맡아 보라고 한 다음 "이것이 같은 향이니?"라고 물어봅니다. 아이가 맞다고 대답하면 2 의 병 오른쪽 옆에 둡니다. 아이가 다르다고 대답을 하면 상자의 오른쪽에 둡니다. 다른 병도 계속해서 해 봅니다.

4 전부 해 본 후에 아이의 대답이 맞았는지 다시 확인해 봅니다.

소리상자

- 적정 연령 : 만 4세
- 준비
  - 흔들었을 때 각각 다른 소리가 나는 6개의 원통 세트 2개가 필요하며, 한 세트는 빨간 뚜껑이 달린 상자에 넣고, 다른 세트는 파란 뚜껑이 달린 상자에 넣습니다.
  - 짝 맞추기 용이므로 같은 소리의 원통이 각각 2개씩 6가지가 필요합니다.

방법 1

1 아이 앞에 두 개의 상자를 놓습니다.

2 각각의 상자를 열고, 뚜껑은 상자 옆에 놓습니다.

3 원통 하나를 골라 흔들어 아이가 소리를 듣게 합니다.

4 원통을 두 상자 앞, 아이의 맞은 편에 놓습니다.

5 다른 상자에서 원통을 하나 골라 흔들어 아이가 소리를 듣게 한 뒤, "이것이 같은 소리니?"라고 물어봅니다. 처음의 원통을 흔들어 소리를 다시 듣게 해도 됩니다.

6 만약 소리가 다르다면 상자 옆에 두고 같은 상자 안에 있는 다른 원통을 꺼내 아이에게 소리를 들려줍니다. 아이가 같은 소리를 찾을 때까지 해 봅니다.

7 아이가 같은 소리를 찾으면 처음의 원통 오른쪽에 붙여 놓습니다.

8 찾는 것과 소리가 달라서 상자 옆에 둔 다른 소리의 원통들은 다시 상자 안에 정리해 넣습니다.

9 다음 원통을 골라 처음 짝을 찾아낸 원통 한 쌍 아래쪽에 줄을 세웁니다.

10 다른 상자에서 원통을 골라 소리를 듣게 하고, 같은 소리가 나는 원통을 찾습니다. 두 상자가 빌 때까지 합니다.

11 모든 소리의 짝을 찾아냅니다.

12 아이에게 여태까지 해 온 것들의 결과를 다시 한번 확인하게 합니다. 줄을 세운 원통들의 소리를 다시 들어가며 제대로 짝을 찾았는지 알아봅니다. 만약 틀린 경우가 있다면 아이가 스스로 정답을 찾아 바로잡게 합니다. 틀린 것이 없다면 놀이를 마칩니다.

방법 2

1 이번에는 상자 한 개(6개의 원통 1세트)만 가지고 합니다.

2 상자를 아이의 앞에 둡니다.

3 원통을 모두 꺼냅니다.

4 가장 저음을 내는 원통과 가장 고음을 내는 원통을 고릅니다.

5 아이에게 가장 저음의 소리를 듣게 한 후 "이것은 가장 낮은 음이야"라고 말해 줍니다.

6 가장 고음의 소리를 듣게 한 후 "이것은 가장 높은 음이야"라고 말해 줍니다.

7 그다음 "우리 가장 낮은 음부터 가장 높은 음까지 순서대로 줄을 세워 보자"라고 합니다.

8 하나의 원통 소리를 듣게 해 주며 탁자 위에 놓습니다.

9 다른 원통을 흔들어 소리를 듣게 한 뒤, "이것이 저것보다 더 낮은 소리일까, 높은 소리일까?"라고 물어봅니다. 아이의 대답에 따라 저음이면 왼쪽에, 고음이면 오른쪽에 둡니다.

10 남은 원통으로 계속 해 봅니다.

11 모두 하나씩 원통을 흔들어 소리를 들어보며 확인합니다.

12 놀이의 마지막에는 원통들이 저음에서 고음 순서대로 제대로 정렬이 되었는지 확인해 봅니다.

13 아이가 틀리게 놓았다면 스스로 다시 고쳐 보도록 합니다.

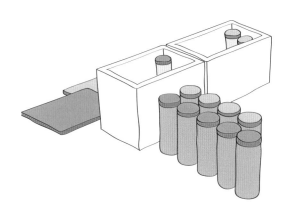

4부

⋮

수 영역
놀이

숫자에 대한 민감기를 겪고 있는 아이들은 쉽게 티가 납니다. 이 시기에는 모든 상황에서 숫자를 세려고 하고, 숫자를 보면 무슨 뜻인지 자주 물어봅니다.

그렇기 때문에 수학은 말로 가르치는 것이 아닌 구체적인 방법으로 가르쳐 주는 것이 중요합니다. 다시 한번 강조하지만 아이들은 추상적으로 생각하는 능력이 아직 없기 때문에 구체적인 것을 먼저 가르쳐 주고, 추상적 개념 능력을 점차 길러내야 합니다.

수학은 말로 하는 게 아닌 구체적인 방법으로 가르치는 것이 중요하다.

부모는 우드트레이나 바구니, 숫자를 쓸 수 있는 종이 등의 준비물을 몬테소리 놀이 준비물 선반에 수 영역 카테고리를 만들어 정리해야 합니다. 이것을 통해 아이들은 숫자세기, 계산 등 다양한 활동을 하게 됩니다.

일상 속에서도 간단한 수학 공부를 상시적으로 생각할 수 있습니다. 일반적으로 부모들은 아이가 어릴 때부터 발걸음 개수를 세는 동요를 부르게 하거나, 밥상 위에 있는 수저 숫자를 센다거나 장난감 자동차 수를 세는 것을 가르칩니다. 어린아이는 손가락을 사용해 숫자를 세기도 합니다. 아이들은 의식하지 못할지 몰라도 이런 생활을 다 기억하게 됩니다. 이러한 활동은 수학이 아이의 삶과 연결되어 있는 것을 알게 하기 때문에 중요합니다.

구분하는 놀이, 색깔이나 모양, 크기별로 단계 매기기 놀이 등 감각 영역에서 했던 놀이들은 수 영역의 능력 향상에도 도움이 됩니다. 물론 일상생활 영역의 활동들 중 일부도 수학적인 능력을 키울 수 있게 합니다.

특히 놀이를 통해 교육을 할 때는 아이가 이전 것을 완전히 익혀서 익숙하게 해낸 후에 다음 것으로 넘어가야 합니다.

교육도구 준비하기

교육도구들은 이전의 경우와 마찬가지로 우드트레이나 바구니에 준비물들을 담아 항상 선반에 정돈해야 하고, 특히 수 영역 카테고리를 정해 일정한 장소에 두어야 합니다.

우드트레이에 있는 준비물을 어떻게 가지고 노는지 아이가 이해를 하면 즉시 스스로 해 보도록 합니다. 우드트레이는 너무 많은 준비물들로 넘치지 않아야 하고, 항상 아름답게 정돈된 상태를 유지해야 합니다. 준비물을 담은 우드트레이를 만들 때는 한 번에 한 가지 과제만 수행해야 한다는 것을 다시 한번 기억하시기 바랍니다.

놀이 소개

수 영역 놀이는 일상생활 영역이나 감각 영역 놀이와 하는 방식이 같습니다. 준비물을 정렬하는 순서는 왼쪽에서 오른쪽, 그리고 위에서 아래 순서로 합니다.

또한 물건을 사용하는 방법을 보여 줄 때는 엄지손가락과 집게손가락, 가운뎃손가락을 사용해야 합니다.

숫자와 같이 추상적인 것을 익히는 놀이는 3단계 교육법으로 지도합니다. (문화 영역 놀이의 3단계 교육법 참고)

숫자 세기 놀이

- 적정 연령 : 만 2세
- 준비물
  - 작은 자동차 장난감, 구슬, 크레파스 등 같은 물건 여러 개

방법

아이가 '1, 2, 3…'처럼 숫자 세는 방법을 안다면 이것이 개수를 의미한다는 사실을 알게 하는 것이 중요합니다. 그래서 아이와 함께 숫자를 세는 놀이를 많이 해야 합니다.

예를 들어 자동차 장난감이나 크레파스 같은 물건을 가지고 놀이를 할 수 있습니다. "자동차 하나, 둘, 셋, 내 손에 3개의 자동차가 있어. 네가 2개를 가지고 갈 수 있겠니?" 또는 "크레파스가 보이지? 내가 몇 개를 가져갈까? 네가 4개를 가져가 보겠니?" 등의 놀이를 합니다.

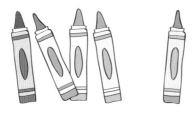

숫자 알기

- 적정 연령 : 만 3세
- 준비
  - 초록색 종이에 숫자를 크게 쓰고 가운데를 파서 얇은 나무판에 붙입니다.
    (1에서 3까지로 나무판으로 만든 카드 한 개에 숫자 하나)

방법

1 숫자 1이 쓰인 카드를 꺼내, 검지손가락으로 숫자 1을 쓰고 '일'이라고 말합니다. 아이에게 숫자를 만져 보면서 '일'이라고 따라 해 보게 합니다.

2 숫자 2가 쓰인 카드도 똑같이 하고, 3도 똑같이 해 봅니다.

3 카드 세 개를 나란히 놓고, "1을 줘 보세요", "2를 주세요", "3을 줘 보세요"라고 시킵니다.

4 아이가 맞추지 못하면 아무 말도 하지 말고, 맞는 답의 숫자 카드를 주어 숫자 모양을 따라 손가락으로 만져 보게 합니다.

5 카드를 섞고, 아이가 1에서 3까지 완전히 알 때까지 해 봅니다. "2를 줘 보세요", "3을 감춰 보세요", "1의 모양을 손가락으로 그려 보세요" 등 확인 질문을 해 봅니다.

6 아이 앞에 카드 한 개를 놓고, "이게 뭐지?"라고 물어봅니다. 나머지 카드 두 개도 물어봅니다.

7 "오늘 너는 숫자 1, 2, 3을 배워서 알게 되었어"라고 결론을 내리며 놀이를 마칩니다.

♣ 숫자와 개수 연결하기 놀이

● 적정 연령 : 만 3세
● 준비물
  ◆ 1부터 10까지 각각 써 놓은 작은 종이 조각들
  ◆ 숫자를 셀 물건(예를 들어 상자에 넣을 물건은 나뭇가지, 단추, 원통, 블록, 구슬, 조개껍질들 중에서 한 종류만 골라 준비합니다.)
  ◆ 상자 1개

방법

1 접혀 있는 작은 종이 조각을 폅니다.
2 종이 조각을 폈을 때 적혀 있는 숫자를 어른만 보고 아이는 보여 주지 않습니다.
3 종이에 적힌 숫자에 해당되는 개수만큼 상자에서 물건을 꺼냅니다.
4 종이에 적힌 숫자를 맞춰 보라고 아이에게 질문합니다.
5 종이를 다시 펼쳐 아이가 제대로 답을 했는지 확인합니다.
6 아이가 종이를 고르고, 적힌 숫자의 개수에 맞게 물건을 꺼내도록 합니다.
7 번갈아 가면서 합니다.

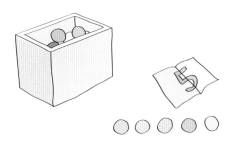

♣ 빨래집게 카드

◉ 적정 연령 : 만 3세
◉ 준비
  ◆ 종이를 대략 삼등분해서 윗부분 3분의 2는 테두리를 그리고, 나머지 아
    랫부분의 3분의 1은 세 칸을 만듭니다.
  ◆ 윗부분에 2개의 큰 솜털 모양을 그립니다. 아랫부분의 세 칸에는 각각
    1, 2, 3을 씁니다. 종이 뒷면에는 숫자 2 뒤에 색깔 스티커를 하나 붙입
    니다. (솜털 모양 그림 개수가 각기 다르게 3개를 준비하고 이것을 코팅하여
    카드를 만듭니다.)
  ◆ 빨래집게 1개
  ◆ 상자 1개

방법

1 카드를 담은 상자를 탁자로 가지고 와서 아이를 초대합니다.

2 카드 하나를 골라 그림의 개수를 세어 보라고 합니다.

3 방금 말한 것에 해당하는 숫자에 빨래집게를 집어 보라고 합니다.

4 카드를 뒤집어 정답 뒤에 스티커가 붙어 있는지 확인하면서 제대
   로 답을 했는지 보여 줍니다.

♣ 바둑알과 숫자

- 적정 연령 : 만 4세
- 준비물
  - ◆ 1에서 10까지 적힌 빨간 숫자 모양
  - ◆ 바둑알 55개를 담은 상자

방법

1 아이에게 숫자를 순서대로 가지런히 놓으라고 합니다. 왼쪽부터 오른쪽 순서로 1부터 10까지 놓습니다.

2 숫자 1을 보여 주고, 그 밑에 바둑알 한 개를 놓습니다. 2를 보여 주고 1과 마찬가지로 숫자 2 밑에 바둑알 두 개를 놓습니다. 각 숫자들 사이에 경계를 유지해 서로 섞이지 않게 합니다. 3도 마찬가지로 하되, 첫 줄에는 두 개만 놓고 그 아래에 하나를 놓습니다.

3 4는 바둑알 두 개 밑에 두 개를 놓아 두 줄을 만듭니다. 5는 4에 놓은 바둑알과 똑같이 하고, 그 밑에 하나를 더 놓습니다. 아이가 이어서 10까지 바둑알을 놓도록 합니다.

4 1단계로, "오늘, 짝수와 홀수에 대해서 알려 줄게"라고 하면서 짝수와 홀수를 보여 줍니다.

5 2단계로, 아이에게 짝수에 해당하는 수와 홀수에 해당하는 수를 말해 보라고 합니다. 여러 번 반복합니다.

6 3단계로, 숫자를 보여 주면서 그 숫자가 홀수인지 짝수인지 물어 봅니다. 다른 숫자로도 여러 번 반복합니다.

7 "오늘 너는 1, 3, 5, 7, 9가 홀수이고, 2, 4, 6, 8, 10이 짝수라는 것을 배웠어"라고 결론을 맺습니다.

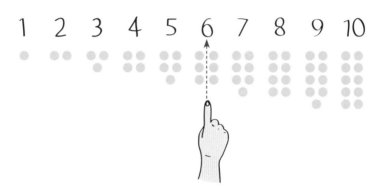

5부

언어 영역 놀이

0세에서 6세까지, 아이는 언어에 아주 민감한 시기를 보냅니다. 여기에서 언어란 어휘의 발달, 문장 구성법, 글 읽는 법 배우기를 말합니다.

아이들에게 어휘의 발달은 자신감을 형성해 주고 기를 펴는 데 중요한 역할을 합니다. 아이는 자기의 느낌과 원하는 것을 잘 표현할수록 자신 있게 생활할 수 있습니다.

> 아이들에게 어휘의 발달은 자신감 형성과 기를 펴는 데 중요한 역할을 한다.

부모는 아이의 어휘 발달을 위해 노력해야 합니다. 이를 위해 여러 가지 활동을 해 보게 하는 것이 중요합니다.

일상생활 영역과 감각 영역 놀이를 통해서도 아이의 어휘를 발달시킬 수 있습니다. 문화 영역에서도 아이가 세상을 더 잘 알아가고, 가장 적당한 단어로 표현하는 것을 배우게 됩니다. 마찬가지로 수 영역에서도 놀이를 할 때 어른은 가장 적절한 어휘를 사용해야 합니다.

부모는 글을 읽는 환경도 만들어 주어야 합니다. 아이들은 여러 가지 주제의 그림이나 동화 이야기, 동요 등을 가지고 글을 읽어 볼 수 있습니다. 동화를 들려줄 때는 조용하고 차분한 분위기에서 해야 합니다. 그리고 책은 항상 아이에게 기쁨을 줄 수 있는 원천이어야 합니다. 이것은 좋은 인성을 심어 주고, 명민한 머리를 만들어 주고, 상상력을 발달시킵니다. 그리고 아이의 지평을 넓혀 주며, 어휘를 단련시켜 풍성한 삶을 누릴 수 있게 합니다.

> 책은 항상 아이에게 기쁨을 줄 수 있는 원천이다.

부모와 아이가 함께 책을 읽으면 이야기를 통해 웃을 때 같이 웃고, 두려울 때 같이 두려워하는 등 감정을 공유하는 법을 알게 합니다.

우리는 이 모든 과정이 '아이'를 위한 것임을 잊지 않아야 합니다. 아이가 읽기를 원한다면 책을 읽는 부모의 모습을 보여 주어야 합니다. 쓰기의 경우도 마찬가지입니다. 컴퓨터 자판으로 글을 쓰는 부모를 본다 하더라도 아이는 글쓰기의 중요성을 깨닫지 못할 것입니다. 이는 종이에 연필로 꼭꼭 눌러 글씨를 쓰는 중요성을 모르게 되는 것입니다. 그러므로 일상생활에서 장보기 목록을 쓴다거나 우편엽서를 쓰는 것, 가족들에게 틈틈이 메시지를 적는 것을 잊지 마시기 바랍니다.

부모나 교사는 또한 아이들의 언어를 자극하기 위한 다양한 놀이를 만들어 볼 수 있습니다. 이때 아이들은 구체적인 것을 선호하기 때문에 글자뿐만 아니라 보조적인 도구로 그림을 사용하는 것이 중요합니다.

간단하게 그림만 보여 주고, 아이가 보고 있는 것을 묘사하도록 하거나 세부적인 것을 찾아보게 할 수 있습니다. 또 그림에 보이지는 않지만, 있을 것 같은 물건 또는 그림 속 사람의 성격 등을 상상해서 말해 보게 할 수도 있습니다. 마찬가지로 장난감 농장이나 인형의 집 등의 공간을 사용해서 같은 활동을 해 볼 수도 있습니다.

언어에 민감한 시기의 아이들은 주로 읽는 법을 배우고 싶어 하기 때문에 이에 대한 반응을 해 주는 것이 좋습니다. 반면에 개념의 단계와 순서는 지키는 것이 좋습니다.

교육도구 준비하기

어휘를 발달시키고, 독서를 배우기 위해 한 가지 도구를 여러 형태로 준비할 수 있습니다.

아이들은 자기가 살고 있는 삶과 연관된 것을 준비해 주면 아주 좋아합니다. 예를 들어 가족이나 친척, 자주 보는 동물, 아이가 참여했던 행사 등의 사진을 보여 주는 것입니다.

아이들은 개인적으로 가깝게 느껴지는 것부터 배우길 좋아하는데, 자기 이름의 글자나 가족의 이름에 들어가는 글자가 내는 소리를 듣고 배우기를 원합니다. 또 소리가 나는 동화책이나 아이가 애착을 느끼는 동화책 등으로 놀이를 하면 아주 기뻐할 것입니다.

교육도구들을 준비할 때는 반드시 보기에 좋아야 합니다. 멋진 상자에 들어 있거나, 언어 교육용으로 특별한 포장을 할 수도 있습니다. 교육도구들은 우드트레이 또는 바구니에 담거나, 색이나 재질, 크기가 다른 근사한 상자들 안에 담아서 선반 한편에 가지런히 정리해야 합니다.

다시 한번 더 강조하자면, 아이를 관찰하는 것은 아주 중요합니다. 아이는 가장 관심있는 주제의 어휘를 배우고 싶어 하고, 이를 좋아할 것이기 때문입니다. 이때 부모는 아이가 빠져 있는 관심사에 동참해 주어야 하고 활용할 수 있는 도구를 만들어 주어야 합니다.

몬테소리 교육에서는 아이의 어휘 발달을 위해 단어 카드를 사용합니다. 단어 카드에 나오는 어휘들은 따로 주제가 정해져 있지 않으며, 어떤 것이든 좋습니다.

아이가 너무 어리면, 처음에는 실제 물건으로 보여 주고, 차츰 이미지를 보여 주되 네 가지를 넘지 않게 하며, 조금씩 숫자를 늘려갑니다.

부모들도 어휘력을 향상시킬 필요가 있습니다. 아이들에게 무언가를 설명해 줄 때 사용하는 단어는 항상 명확해야 합니다. 다시 말해 일반적으로 통용되는 말이나 별명이 아닌 정확한 새의 이름, 나무 이름, 꽃 이름 등을 말해 주는 것이 좋습니다.

읽기 공부를 할 때는 먼저 소리를 가지고 놀게 하고, 다음으로 단어가 소리들로 구성되어 있다는 것을 아이가 자각하게 만듭니다. 이어서 그 소리에 해당하는 글자를 배우게 될 것입니다. 이에 따라 아이가 소리에 집중할 수 있도록 읽기를 위한 작은 공간을 마련해 주는 것이 중요합니다.

교육도구를 만들 때는 몬테소리 교육이 정해준 색깔, 카드의 크기대로 준비합니다. 또 아이가 스스로 공부할 수 있게 하려면 복습을 통한 실수 고치기 과정을 익히는 것도 중요합니다.

놀이 소개

시범은 다른 영역의 놀이와 마찬가지입니다. 아이와 함께 매트나 탁자에 앉고, 아이에게 먼저 놀이를 제안하며, 선반에 가서 도구를 가지고 오게 합니다. 항상 왼쪽에서 오른쪽, 위에서 아래 순서를 지키도록 합니다.

조용한 환경에서 놀이가 진행되어야 하고, 천천히 보여 주는 것이 중요합니다. 아이가 읽기를 할 수 있는 공간을 따로 마련하되 편안하게 읽을 수 있는 매트나 작은 소파가 준비되어야 합니다. 책이 어떤 종류든지 책장은 아이 쪽으로 보여지게 준비합니다. 책은 계절이나 절기에 맞게 주기적으로 갈아 주도록 하고, 주제는 다양할수록 좋습니다.

놀이를 통한 소리와 읽기 교육을 할 때는 교육도구들을 보기에 좋은 것으로 준비하는 것이 중요합니다. 아이가 도구를 보고 참여하고, 가지고 놀고 싶은 마음이 들도록 관심을 끌 수 있어야 하기 때문입니다. 아이를 가르칠 때는 구체적인 것에서부터 추상적인 것의 순서를 지켜야 합니다.

또 한 번에 한 가지 과제만 해야 하는 원칙도 잊어서는 안 됩니다. 부모는 아이가 실수를 했을 때 너무 어려워하지 않도록 배려하는 노련함이 요구되며, 이 영역의 놀이는 특히 부모가 함께 참여해 주는 것이 중요합니다.

📚 책장

◉ 적정 연령 : 0~18개월

아이의 방에는 매트와 다양한 책이 꽂혀 있는 책장이 준비되어 있어야 합니다. 책장은 아이가 잡고 일어날 수 있도록 넘어지지 않는 튼튼한 소재로 되어 있어야 하며, 주기적으로 안전한지 확인할 필요가 있습니다.

아이가 어릴 때는 한쪽에 하나의 그림만 있는 책을 고르는 것이 좋습니다. 동물이나 집에 있는 물건, 자연 등의 주제에 해당하는 책들을 준비합니다.

부모는 프린터기를 사용해 직접 아이를 위한 책을 만들 수도 있습니다. 가족들의 모습, 동물, 가사 도구 등의 그림이나 사진을 구해서 이름을 적어 준비하면 아이와 이야기하기에 좋습니다.

아이가 처음 볼 책은 아래와 같은 테마로 살펴볼 수 있습니다.
- 동물들, 새, 파충류, 식물
- 색깔과 모양
- 식품
- 가사 도구
- 태양계, 행성, 별
- 식물의 부분이나 꽃
- 교통수단

아이가 잘 알고 있는 사람의 사진을 각각 다른 장소와 다른 포즈로 준비해 책을 만들 수도 있습니다. 그 사람이 의자 위에 앉은 모습, 빨간색 탁자 아래에 있는 모습, 욕조에 있는 모습을 예로 들 수 있겠습니다.

이때 아이에게 이 사람이 누군지 알겠냐고 물어보면 아이는 아는 사람이기 때문에 더 관심을 갖고 보게 됩니다. 그러면 사진을 활용해 다양한 질문을 해 볼 수 있습니다. 또한 질문만 하는 것이 아니라 이러한 과정을 통해 부모와 아이는 대화를 시작할 수 있습니다.

몬테소리 교육에서 어린 아기들에게 동화를 들려주지는 않습니다. 실제 이야기와 실제 존재하는 사람, 동물이나 물건 등을 통해 교육합니다. 아이들의 뇌는 순식간에 발달하고 주변에 있는 것들을 흡수하기 때문에, 가상을 배우기에는 이릅니다. 아이들은 이 시기에 실제와 가상을 구별하는 능력이 없기 때문입니다.

하지만 이것이 아이들에게 명작 동화와 같이 근사한 동물 이야기 등을 들려주면 안 된다는 뜻은 아닙니다. 다만 동화를 들려줄 때는 현실성을 유지하기 위해서 만화 캐릭터나 요정 캐릭터 등 비현실적인 것은 피하는 것이 좋습니다.

어린 아기들일수록 허구가 아닌 실제에 대한 책을 보여 주는 것이 좋습니다. 예를 들어 세상에 대한 그림책을 준비하면 아이가 스스로 볼 수 있고, 부모와 함께 이를 보며 시간을 보내기도 좋습니다.

다음의 목록을 참고해서 다양한 테마의 책을 준비할 수 있고, 이 목록 이외의 것들을 추가해도 됩니다.

- 아프리카 등 다른 대륙에 사는 동물들
- 동물의 다양한 종류
- 주거 양식
- 농장에 있는 탈것들
- 과일과 채소의 종류
- 나무와 꽃의 종류
- 잎과 나무의 종류
- 음식의 종류
- 다른 나라에 사는 아이들

만약 아이가 특별히 고양이에 관심을 보인다면 다양한 고양이의 종류가 나와 있는 책을 찾을 수 있고, 자동차를 좋아한다면 트랙터나 트럭 등 다양한 탈것들의 이미지가 담겨 있는 책을 구하면 됩니다.

● 준비물
   - 책

방법

1 책으로 놀이를 할 때, 먼저 태도와 규칙을 정하는 것이 좋습니다. 조심스럽게 책을 다루고 정확하게 사용하도록 지도합니다. 예를 들어 책을 입에 넣지 못하게 해야 합니다. 또 한꺼번에 책장에 많은 책을 꽂는 것이 아니라 계절이나 연도, 아이의 관심도에 따라

서 주기적으로 책을 바꾸는 것이 낫습니다.

2 책의 제목을 가장 먼저 읽어 주는 것이 중요합니다.

3 너무 많은 단어를 이야기하지 않습니다.

4 한 책을 여러 번 반복해서 읽어줍니다.

5 조금씩 세부적인 내용을 추가합니다.

6 만 1세가량의 아이에게는 이미지 하나에 한 문장 정도로 이야기를 해 줄 수 있습니다.

더 나아가기

▶ 아이에게 책을 읽어 줄 때는 목소리를 바꾸어 줍니다. 소리도 내 주면 좋습니다. 가령 동물 이미지에 해당하는 동물 소리를 흉내 내는 것입니다. 이것은 아이의 관심을 끌기에 좋습니다. 아이가 소리를 내거나 단어를 말하고 싶어 할 때는 막지 말고 하게 둡니다.

♣ 모형 농장(차고 또는 집)

● 적정 연령 : 12개월
● 준비물
  ◆ 농장, 동물, 농장에 있는 도구(트랙터, 쟁기 등)의 이미지
  ◆ 다양한 탈것(차, 오토바이, 자전거 등)과 차고 이미지
  ◆ 모형 집 이미지와 가족 구성원의 사진들(엄마, 아빠, 아들, 딸 등), 가재도구
    (침대, 욕조, 소파 등), 집 안에 있는 도구들(주방 도구, 냅킨 등)
  ◆ 각각의 테마에 따른 이미지들을 담을 바구니와 준비물을 둘 매트

방법

1 아이를 농장 매트로 초대합니다.
2 동물들과 농기구 이미지를 꺼내 매트 위의 아이 앞에 둡니다.
3 각각의 이미지에 해당하는 이름을 말해 주고 농장 바구니 안에 넣
   습니다.
4 각각의 동물에 해당하는 다른 단어도 말해줍니다. 예를 들면 동물
   이 어디에 사는지, 소리는 어떻게 내는지, 색깔은 무엇인지, 무엇을
   먹는지, 성별이나 나이에 따라 이름이 어떻게 바뀌는지 등입니다.
5 단어들을 조금씩 알려 줍니다.
6 아이에게 단어를 이야기하고, 해당하는 이미지를 달라고 합니다.
7 차고와 집도 같은 방식으로 해 봅니다.
8 아이가 스스로 가지고 놀도록 합니다.
9 아이는 탈것이나 가재도구 등 여러 종류의 이미지로 놀이를 할 수
   있습니다. 그러면서 스스로 이야기를 지어낼 수도 있고, 그에 따
   라 어휘력이 발달될 수 있습니다.

물건 짝 맞추기 놀이

- 적정 연령 : 12개월
- 준비물
  - 바구니나 우드트레이 1개
  - 과일이나 채소, 주방 도구, 조개껍질 등 4~5쌍

방법

1 아이에게 "오늘은 채소를 배워볼 거야, 너는 채소를 좋아하니?"라며 놀이에 초대합니다.

2 바구니에서 채소를 꺼내 만져 보고 냄새를 맡아 보고는 아이에게 건네줍니다.

3 아이에게 같은 채소를 찾을 수 있는지 물어봅니다.

4 채소의 짝을 찾으면 매트나 탁자 위에 둡니다.

5 다른 채소로 계속합니다.

6 채소 하나를 골라서 이름을 말해 주면서 아이가 이 채소를 바구니에 넣을 수 있는지 물어봅니다.

7 아이에게 조금 전에 넣은 채소와 같은 것을 찾아서 바구니에 담을 수 있는지 물어보고, 그것을 넣어 보라고 합니다.

8 채소의 특징을 말해 볼 수 있습니다.

9 다른 과일이나 주방 도구, 조개껍질 등으로 놀이를 계속합니다.

1. 각각 다른 채소를 준비합니다.

2. 손으로 채소를 잡고 이름을 말해 줍니다.

3. 매트에 올립니다.

4. 똑같은 것을 다른 채소로 해 봅니다.

5. 아이에게 첫 번째에 이름을 말해 주었던 채소와 같은 것을 찾을 수 있는지 물어봅니다.

6. 계속해 봅니다.

7. 바구니에 있는 채소 중 한 가지를 골라서 매트에도 똑같은 것이 있는지 물어봅니다.

8. 마지막으로 아이에게 채소를 바구니에 다 넣도록 합니다.

♣ 따라 하기

- 적정 연령 : 18개월
- 준비물
  - ◆ 바구니 1개(상자 또는 우드트레이)
  - ◆ 동물이나 탈것 등의 모형(쌍으로 준비합니다.)

방법

1 동물(또는 탈것) 모형을 고릅니다.

2 아이에게 주고, 만져 보도록 합니다.

3 바구니에서 같은 동물을 찾을 수 있는지 물어봅니다.

4 같은 동물 모형을 찾아 모형의 오른쪽에 아이가 찾은 것을 둡니다.

5 다른 모형으로 해 봅니다.

6 모든 모형이 매트에 놓였다면 아이에게 동물을 하나 골라 이번에는 바구니에 넣으라고 합니다.

7 다른 동물 모형도 계속합니다.

8 마치면 아이가 모든 동물 모형을 정리하게 합니다.

♣ 단어 카드

- 적정 연령 : 18개월
- 준비물
  - ◆ 작은 매트 또는 우드트레이
  - ◆ 단어 카드 여러 쌍(똑같은 그림의 카드를 준비하되, 한 개는 그림 밑에 그림의 이름이 써 있는 것, 하나는 글자 없이 그림만 있는 것으로 준비합니다. 그리고 따로 이름만 써 있는 카드까지 세 종류로 구성되도록 준비합니다.)

방법

1 작은 매트나 우드트레이 위에 단어 카드들을 놓습니다.

2 아이에게 이름이 포함된 그림 카드들을 왼쪽에서 오른쪽으로 가지런히 놓도록 합니다.

3 이름이 함께 써 있는 카드의 짝을 맞춥니다. 그림만 있는 카드를 각각에 해당하는 카드 밑에 놓습니다.

4 아이가 글을 읽을 줄 안다면 이름만 있는 카드를 그림만 있는 카드와 짝을 맞추게 합니다.

5 스스로 학습하는 법을 익히기 위해서는, 이름을 포함한 그림 카드를 뒤집어 놓고 4와 같이 해 본 다음, 뒤집었던 카드를 열어보며 정답을 맞추었는지 확인합니다.

6 배운 그림들은 아이가 스스로 색칠공부를 하면서 복습해 볼 수 있도록 색깔을 없앤 카드로 색칠공부 책을 만들어 줍니다.

단어 카드의 주제는 아이의 관심을 끌 수 있다면 어떤 것이든 좋습니다. 예를 들어 다양한 탈것, 과일, 곤충, 공룡 등을 주제로 삼을 수 있습니다.

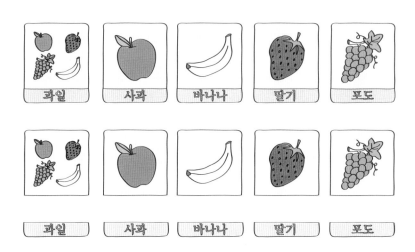

♣ 그림에 해당하는 물건 찾기

● 적정 연령 : 만 2세
● 준비물
  ◆ 바구니나 상자 또는 우드트레이 1개
  ◆ 그림 카드와 그림 속에 있는 실제 물건(동물 모형 등)

방법

1 바구니에서 물건들을 꺼냅니다.

2 사물의 이름을 말해 주고 매트 위에 놓습니다.

3 다른 물건도 똑같이 하고, 물건을 놓을 때는 왼쪽에서 오른쪽으로
   정렬합니다.

4 그림을 하나 들어서 보여 주며 "이것은 사자 그림이야"라고 이야
   기합니다.

5 그림을 매트 위에 놓고, 그림에 해당하는 사물을 찾습니다.

6 그림 위에 사물(사자 모형)을 올려 놓습니다.

7 다른 것들도 해 봅니다.

8 아이가 해 보도록 합니다.

더 나아가기

한눈에 파악하기 어려운 그림과 사물을 짝지어 보기
  ▶ 위와 같은 놀이를 하되, 이번에는 실제 동물 모형과 그림에 있는 동물의 포
    즈가 다르거나 배경 그림이 있는 것으로 해 봅니다. 이것은 아이가 추상적인
    그림을 보고, 실제 사물을 찾는 경험을 하게 합니다.

♣ 짝을 이루는 카드

- 적정 연령 : 만 2세
- 준비물
  - ◆ 매트 1개   ◆ 우드트레이 1개
  - ◆ 짝을 이루는 그림 6쌍(예를 들어 빗자루와 쓰레받기, 붓과 팔레트 등)

방법

1 매트를 펴고 아이를 놀이에 초대합니다.

2 부모가 아이 옆에 앉습니다.

3 모든 그림을 매트 위에 올리고, 왼쪽에서 오른쪽으로 한 줄로 줄 지어 놓습니다.

4 그림 하나를 골라 이름을 말합니다.

5 아이에게 이 그림과 짝을 이루는 것을 찾을 수 있겠는지 물어봅니다.

6 다른 그림을 골라 이름을 말해 주고 아이가 이어서 해 보도록 유 도합니다.

🍀 반대되는 그림 카드

- 적정 연령 : 만 2세
- 준비물
  - ◆ 매트 1개   ◆ 우드트레이 1개
  - ◆ 반대되는 그림 6쌍(예를 들어 지저분한 신발과 깨끗한 신발, 뚜껑이 열린 상
    자와 닫힌 상자, 미끄럼틀에 올라가는 아이와 내려가는 아이 등)

방법

1 아이를 놀이에 초대합니다.

2 부모가 아이 옆에 앉습니다.

3 모든 이미지를 꺼내 매트 위에 왼쪽에서 오른쪽으로 정렬합니다.

4 그림을 하나 골라 이름을 말합니다.

5 아이에게 그림과 반대되는 것을 찾을 수 있는지 물어봅니다. 예를
   들어, 깨끗한 신발 그림을 보고 반대되는 것으로 지저분한 신발
   그림을 찾을 수 있는지 물어봅니다.

6 다른 그림을 골라 이름을 말해 주고 아이가 이어서 하도록 합니다.

🔣 그림 묘사하기

- ● 적정 연령 : 만 2세
- ● 준비물
  - ◆ 그림책이나 그림 하나

1 책에 나와 있는 그림을 하나 보여 주면서 그림에서 무엇이 보이는 지 말해 보라고 합니다.
2 아이가 그림에서 어떤 것을 묘사할 때마다 중요한 것을 보았다고 말해 주어야 합니다.

🌼 신문 만들기

- 적정 연령 : 만 2세
- 준비물
  - ◆ 색깔이 있는 A3 종이 1장

    (종이의 색깔은 매달 다르게 준비하는 것이 좋습니다.)

방법

이 놀이는 여러 명의 아이가 같이 합니다.

1 종이의 위쪽에 날짜를 적습니다. 아이들에게 연도, 월, 일, 요일을 물어도 좋습니다.

2 각각의 아이들에게 하고 싶은 말을 하게 합니다. 우리는 이것을 '소식 전하기'라고 하겠습니다.

3 각각의 아이가 말하는 소식을 아이의 이름이 드러나도록 한 문장으로 요약합니다. 예를 들어 '알렉산드르는 새 신발이 있다'와 같이 적습니다.

4 모든 아이들이 각자의 소식을 이야기하게 합니다.

5 다른 아이들은 조용히 친구의 말을 들어 주도록 분위기를 만들어야 합니다.

6 모든 아이들이 소식을 말했으면, 적은 소식들을 천천히 읽습니다.

7 이 신문을 교실이나 교실 밖, 집 안에 잘 보이는 곳에 붙입니다.

♣ 그림의 순서 알기

● 적정 연령 : 만 2.5세

그림을 통해 연속적으로 이루어지는 이야기를 보여 주는 놀이입니다. 아이는 그림 속 장면들의 순서를 알게 됩니다. 이 놀이는 간단하지만 아이들이 좋아하고, 어휘력을 발달시키며 아이의 관찰 능력과 상황을 분석하는 능력을 길러 줍니다. 예를 들어 사과가 열매 맺는 과정이나 히아신스 꽃이 자라는 모습 또는 어린 새가 자라 날게 되기까지의 성장 과정 등을 알 수 있습니다.

  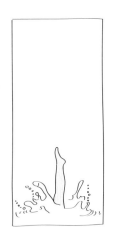

🔅 동물 가족

- 적정 연령 : 만 2.5세
- 준비물
  - 바구니나 우드트레이 1개
  - 동물 가족 모형(예를 들어 암소, 수소, 송아지 등)

방법

1 바구니를 아이 근처에 둡니다.

2 "오늘은 소 가족을 소개할게"라고 말합니다.

3 수소 모형을 꺼내 "아빠 소야. 만져 보겠니?"라고 접근해 아이가 수소 모형을 느껴 보도록 합니다.

4 암소도 같은 순서로 하고, 이어서 송아지도 만져 보게 합니다.

5 세 모형을 나란히 놓고, "수소를 보여 줘", "암소를 보여 줘", "송아지를 보여 줘"라고 합니다.

6 모형을 다시 섞고, 아이가 단어를 익힐 때까지 계속합니다. 아이가 잘 맞추지 못하면 또다시 만져 보게 한 다음 이름을 말해 주고 따라 하게 합니다.

7 동물 모형 하나를 골라 아이 앞에 두고, "이것은 뭐지?" 하고 물어봅니다.

8 다른 두 동물 모형도 물어봅니다.

9 "이제 너는 소 가족을 다 알게 되었어. 수소는 남자 소, 암소는 여자 소, 송아지는 아기 소야"라고 말하며 놀이를 마칩니다.

🎨 예술가와 어휘 배우기

● 적정 연령 : 만 2.5세
● 준비물
  ◆ 화가들의 카드 세트(자화상과 그림 작품들)
  ◆ 카드를 넣을 상자
  ◆ 아이가 앉을 수 있는 크기의 탁자나 매트 1개

방법

1 아이를 놀이에 초대합니다.

2 카드들을 가지고 와서 매트나 탁자 위에 올리고, 부모는 아이 곁
   에 앉습니다.

3 반 고흐 자화상 카드를 보여 주면서 "이 화가는 빈센트 반 고흐야"
   라고 하며 매트나 탁자의 왼쪽 상단에 놓습니다.

4 반 고흐의 그림을 하나 보여 줍니다. 예를 들면 〈해바라기〉 같은
   것을 말입니다. 보여 주면서 "이 그림은 반 고흐가 그렸어. 이 작
   품은 〈해바라기〉야"라고 알려 줍니다.

5 같은 방식으로 반 고흐의 다른 그림을 보여 주고, 초상화 밑에 세
   로로 줄을 지어 놓습니다.

6 다음에는 앤디 워홀 카드를 보여 줍니다. 앤디 워홀의 초상화 카
   드는 반 고흐 초상화 카드의 오른쪽에 둡니다. 워홀의 그림들을
   보여 주고 나서는 워홀의 초상화 밑에 가지런히 둡니다. 이렇게
   함으로써 두 화가의 서로 다른 화풍을 쉽게 구분할 수 있습니다.

7   만약 아이가 계속해서 관심을 보이면 카드들을 섞어 다시 해 보고, 그렇지 않으면 정돈합니다.

더 나아가기

▶ 만약 다른 방법으로 이 놀이를 한다면 반 고흐와 앤디 워홀의 그림들을 매트의 위쪽에 두고 "나는 반 고흐의 그림을 찾고 싶어"라고 합니다.

▶ 아이가 그림을 찾을 수 있도록 시간을 줍니다. 아이가 찾지 못하면 "〈해바라기〉 그림이 여기 있네"라고 말해 줍니다.

▶ 아이가 스스로 관심을 가지고 혼자서 그림을 찾을 수 있도록 내버려 두어야 합니다.

🔅 사물로 하는 소리 놀이

● 적정 연령 : 만 2세

방법

1 이 놀이는 어린아이들도 할 수 있지만 언어의 장벽에 부딪히면 안 되기 때문에 어느 정도 말을 잘하는 연령대가 좋습니다. 어른은 여러 사물을 탁자 위에 올립니다. 예를 들면 상자, 사과, 사진기 등 같은 자음으로 시작하는 물건이나 가방, 블록, 모자 등 다른 글자로 시작하는 물건입니다. 물건들 중 하나를 예로 들면, 사과를 골라서 '사과'라고 말해 주며 'ㅅ' 소리가 들리는지 물어봅니다. 그 다음은 가방을 골라서 '가방'이라고 말해 주며 이것도 'ㅅ' 소리가 들리는지 물어봅니다. 물건은 단번에 무슨 물건인지 알아보기 쉬워야 합니다. 이 연령대에는 글자가 내는 소리를 알아들을 수 있어야 하기 때문에 이러한 활동이 중요합니다.

2 이번에는 서로 다른 두 글자로 시작하는 물건으로 각각 한 개씩 총 두 개를 탁자 위에 올려놓습니다. 예를 들면 사과나 가방입니다. "내 눈은 ㅅ으로 시작하는 물건을 보고 있는데 이것의 이름이 뭐지?" 하고 물어봅니다.

3 그 다음은 상자, 가방, 모자를 진열해 놓고 "나는 '사과'처럼 ㅅ으로 시작하는 물건을 보고 있는데 내가 무슨 물건을 보고 있게?"라고 물어봅니다.

4 그리고 나서 간단한 낱자로 이루어진 물건을 보여 줍니다. 예를

들면 '공'입니다. 'ㄱ, ㅗ, ㅇ' 소리를 반복해서 들려주고, 소리의 차이를 아이가 이해하게 합니다.

5   다음에는 이와 같이 세 개의 낱자로 이루어진 단어는 무엇이 있는 지 물어봅니다. 이 단계에서는 글자의 자음과 모음을 구성하는 능력은 없지만 각각의 자음과 모음이 내는 소리를 이해하게 됩니다.

6   이 놀이를 통해 ㄱ으로 시작하는 물건, ㄴ으로 시작하는 물건 등 각각의 자음과 모음으로 시작하는 물건을 많이 찾아보게 합니다.

다른 놀이

아이들이 소리의 개념을 이해하기 시작하면 소리의 차이를 익히게 합니다. '말'과 '발', '물'과 '불' 등을 들려주면서 차이를 익히게 합니다. 또 '손', '볼', '돌', '콩', '발'을 들려주면서 다른 단어들과 구별되는 것이 무엇인지 맞춰 보도록 합니다.

더 나아가기

▶ 사과나 공 등 사물을 골라 이름을 발음해 주면서 'ㅏ' 소리가 들리는지, 들리지 않는지 물어봅니다.

▶ 한 가지 발음을 골라 아이에게 찾아보라고 합니다. 예를 들면 'ㅌ' 소리가 나는 단어들을 찾아서 말해 보라고 합니다.

▶ 글자를 한 가지 주고 그 발음으로 시작하는 물건들을 집 안을 둘러보면서 찾아보라고 합니다.

▶ 나아가 같은 자음으로 시작하는 물건이나, 자음은 다르지만 모음이 같은 물건, 자음과 모음은 다르지만 받침이 같은 물건들을 쌍으로 찾아보라고 합니다. (예: 컵, 밥 등)

♣ 같은 소리를 내는 글자 찾기

- 적정 연령 : 만 3세
- 준비물
  - 10개의 코팅된 그림 카드

방법

 사물을 이용해 발음을 연습하는 놀이와 마찬가지로 이 놀이도 첫 번째 음절과 두 번째 음절, 마지막 음절 등에서 같은 소리를 내는 단어들을 찾아볼 수 있습니다. 예를 들어 '사자' 그림과 '사과' 그림을 보고, 같은 소리가 나는 글자를 찾아 익히는 것입니다.

더 나아가기

▶ 이 놀이에 사용되는 코팅된 그림 카드는 문화 영역 놀이에도 사용할 수 있습니다. 예를 들면 "이 그림들 중 살아 있는 것들을 찾아봐" 또는 "동물들을 찾아 봐, 식물들을 찾아 봐" 등입니다.

♣ 이동글자

- 적정 연령 : 만 3세
- 준비물
  - 이동글자 상자 1개(상자 안에는 분홍색으로 된 자음, 하늘색으로 된 모음들이 들어 있어야 합니다.)

방법

단어는 소리들로 이루어져 있다는 개념을 아이가 이해하면 3단계의 이동글자 놀이를 하면서 글자를 배우기 시작할 수 있습니다.

아이가 가장 가깝게 느끼는 글자 즉, 아이의 이름이나 엄마, 아빠 같은 글자를 알려 주는 것부터 시작합니다. 일반적으로 하나의 모음과 두 개의 자음으로 이루어진 단어부터 시작할 수 있습니다.

1 낱자 세 개, 예를 들어 'ㄱ, ㅏ, ㅇ'을 고릅니다. 항상 글자마다 내는 소리와 이름을 말해 줍니다. ㄱ은 '그' 소리를 내고, 이 글자의 이름은 '기역'이라고 말해 줍니다. ㅏ도 마찬가지로 '아' 소리를 내며 이름은 '아'라고 말해 줍니다. ㅇ은 '으' 소리를 내며 '이응'이라고 부른다고 말해 줍니다.

2 ㄱ을 보여 주며 검지로 그 위를 따라 쓰면서 'ㄱ'이라고 발음하고, 아이가 따라 소리 내게 합니다. ㅏ도 마찬가지로 따라 써 보여 주면서 '아'라는 발음을 따라 하게 합니다.

3 세 번째 낱자 ㅇ도 같은 방법으로 가르쳐 줍니다.

4 세 낱자를 나란히 놓고 'ㄱ' 소리를 내는 것이 어느 것인지 골라 보

게 합니다. 또 'ㅏ' 소리를 내는 것이 무엇인지 골라 보게 합니다.

5 만약 아이가 잘 맞추지 못할 경우에는 말을 하지 않고, 맞는 글자를 따라 검지손가락으로 따라 쓰게 합니다.

6 글자들을 섞고 아이가 잘 익힐 때까지 계속합니다. 'ㅏ' 소리를 내는 글자가 무엇인지, '기역'이라는 이름의 글자는 무엇인지 물어보는 방법을 계속합니다.

7 글자 하나만 골라 아이 앞에 두고 "이것은 무엇이지?"라고 물어봅니다. 두 번째 글자도 물어봅니다.

8 "오늘 너는 'ㄱ, ㅏ, ㅇ'을 배웠어"라고 말해 주면서 놀이를 마무리합니다.

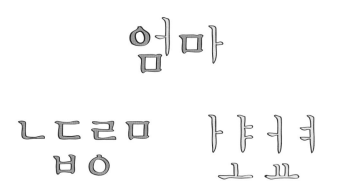

더 나아가기

▶ 모래 상자 옆에 글자 모양을 놓고 아이가 글자를 모래 위에 써 보게 합니다. 아이가 놀이를 원하는 만큼 하도록 둡니다.

첫 글자 알아보기

- 적정 연령 : 만 3세
- 준비물
  - ◆ 매트 1개 ◆ 칠판 1개 ◆ 우드트레이 1개
  - ◆ 모형 6개와 모형의 이름에 해당하는 첫 글자들이 들어 있는 상자
  - ◆ 자음과 모음이 들어 있는 상자(이동글자를 사용해도 됩니다.)

방법

1 칠판이 놓여 있는 매트로 아이를 초대합니다.
2 아이에게 첫 번째 사물을 보여 주고, 그것에 대해 아는지 물어 봅니다. 아이가 모른다면 이름을 말해 줍니다.
3 이 사물 이름의 첫 글자에 해당하는 자음을 자음과 모음 상자에서 찾아올 수 있는지 물어봅니다.
4 사물을 매트 위 첫 번째 줄에 올려 놓고, 바로 옆에 첫 글자를 놓습니다.
5 아이에게 다른 물건을 하나 고르라고 하고, 똑같은 순서로 첫 글자를 찾아봅니다.
6 아이가 이어서 해 보도록 합니다.
7 놀이가 끝나면 아이가 정리하게 합니다.

♣ 끝나는 글자 알아보기

● 적정 연령 : 만 3세
● 준비물
   ◆ 매트 1개
   ◆ 칠판 1개
   ◆ 우드트레이 1개
   ◆ 모형 6개와 모형의 이름에 해당하는 단어의 마지막 글자들이 들어 있는 상자
   ◆ 자음과 모음이 들어 있는 상자(이동글자를 사용해도 됩니다.)

방법

1 칠판이 놓여 있는 매트로 아이를 초대합니다.
2 아이에게 첫 번째 사물을 보여 주고 무엇인지 아는지 물어봅니다. 아이가 모른다면 이름을 말해 줍니다.
3 이 사물 이름의 마지막 글자에 해당하는 자음을 자음과 모음 상자에서 찾아올 수 있는지 물어봅니다.
4 사물을 매트 위 첫 번째 줄에 올려 놓고, 바로 옆에 마지막 글자를 놓습니다.
5 아이에게 다른 물건을 하나 고르라고 하고, 똑같은 순서로 마지막 글자를 찾아봅니다.
6 아이가 이어서 해 보도록 합니다.
7 놀이가 끝나면 아이가 정리하게 합니다.

♣ 글자 클리어파일

- 적정 연령 : 만 3세
- 준비물
  - 클리어파일 1개
  - 흰 종이 여러 장
  - 그림 여러 개

방법

아이가 글자 하나를 익힐 때마다 클리어파일안에 한 페이지씩 채워 갑니다. 자음은 분홍색으로 위쪽에 쓰고, 모음은 파란색으로 씁니다.

만약 아이가 글자 ㄱ을 익혔다면 페이지에 ㄱ을 쓰고, ㄱ으로 시작하는 단어가 무엇이 있는지 알아가도록 도와줍니다. 잡지나 인터넷에서 사물 사진을 찾아서 프린트한 후 오려 아이와 함께 ㄱ이 써 있는 페이지에 붙이도록 합니다.

클리어파일은 아이의 학습에 따라 조금씩 채워갑니다. 페이지가 차는 것을 보며 아이는 스스로 자신감을 가질 수 있으며, 혼자서 복습을 할 수도 있습니다. 클리어파일에 채워 넣은 그림과 글자를 같이 보면서 아이는 각각의 글자를 더 잘 기억하게 됩니다.

6부

:

문화 영역

놀이

아이가 세상을 편안하게 느끼며, 자신감을 갖고 살게 하기 위해서는 자신이 살아가는 세상에 대해서 잘 아는 것이 중요합니다. 특히 아이들은 배움에 대해 끊이지 않는 갈증이 있기 때문에 이에 부응해 줄 필요가 있습니다. 역사나 지리, 과학에 관한 놀이는 이러한 목적 달성에 적합하며, 언어 민감기에는 어휘력 발달에도 크게 도움이 됩니다.

아이가 아주 어릴 때부터 배움을 시작하기 위해서 아이에게 모든 것을 보여 주는 것이 중요합니다. 먼저 구체적인 실물부터 보여 주어야 하는데 이는 아이가 손으로 만지면서 배우는 시기이기 때문입니다. 아이는 냄새를 맡고, 만져 보고, 쳐다 보고, 들어 보고, 맛을 보아야 합니다.

> 아이에게 먼저 실물을 보여 주어야 하는데 이는 손으로 만지면서 배우는 시기이기 때문이다.

또한 문화 영역에는 아이를 바깥에 데리고 가서 동식물 등의 자연을 관찰하는 놀이가 많습니다. 자연에서 산책을 할 때는 아이가 자연을 관찰하며 향을 맡아보고, 소리를 들어 보는 등의 활동을 할 충분한 시간을 주어야 합니다. 아이가 자연에 잘 적응하고 나면 점점 세상과 자신의 역할 관계를 이해하고, 균형을 맞추며 살아가는 법을 알게 됩니다.

문화 영역의 여러 가지 놀이를 통해 아이는 세상에서 자신만의 자리를 잡는 것을 배울 수 있습니다. 이를 위해서 항상 같은 원칙을 적용함을 잊지 말아야 합니다. 가능한 한 실물을 보여 주고, 그 다음에는 설명을 하면서 사진을 보여 주며, 아이가 스스로 도구들을 가지고 놀 수 있도록 해야 합니다.

다양한 놀이를 통해 아이는 주변 세계에서의 자립을 배울 수 있다.

놀이를 할 때에 부모가 항상 옆에 있을 필요는 없습니다. 혼자서 정답을 알아내고, 실수와 문제를 해결하는 방법을 터득하는 것도 놀이의 목적입니다.

많은 부모들이 아이가 정답을 찾는 것을 도와주려고 하는 경향이 있습니다. 하지만 이것은 장기적인 관점에서 아이에게 진정한 도움을 주는 것이 아닙니다. 아이가 자기 스스로 정답을 찾고 고쳐 나가면서 논리와 창의력이 자라며, 이 두 가지는 아이의 미래에 아주 중요한 요소가 됩니다.

아이가 놀이를 한번 시작하면 정답과 오답 확인에 이르기까지 스스로 활동을 하도록 합니다.

선반에는 문화 영역을 지정해야 합니다. 역사(시간의 흐름에 따라), 지리, 과학 등 주제에 따라 구분되어 있어야 합니다. 선반에 너무 많은 교육도구들을 놓지 않는 것이 좋습니다. 도구는 우드트레이나 바구니에 잘 담겨 있어야 하고, 주기적으로 정돈해야 합니다.

3단계 교육법

문화 영역 놀이의 대부분은 아이들의 어휘 발달에 도움이 됩니다. 이때 사용하는 방법을 '3단계 **교육법**'이라고 합니다. 이 방법은 몬테소리 학교에서 어휘, 글자, 숫자, 대륙 등을 배우는 데 실제로 많이 사용됩니다. 이 교육 방법은 원활하게 진행되어야 하기 때문에 많은 연습이 필요합니다.

1단계

배울 주제에 대한 개념 설명을 아주 명확한 단어로 제시하고, 이 단어와 관련해 감각적 인지로 연계되도록 합니다. 이에 대한 방법은 이렇습니다.

부모는 한 가지 단어를 발음하여 보여 줍니다. 다른 것을 덧붙일 필요는 없습니다. 단어의 글자 하나하나를 또박또박 발음하고, 아이가 단어를 구성하는 소리의 차이를 명확하게 이해하도록 해 줍니다. 예를 들어 꽃을 가르쳐 줄 때, "이것은 꽃잎이야. 꽃, 잎", "이것은 줄기야. 줄, 기", "이것은 꽃받침이야. 꽃, 받, 침"이라고 합니다.

이러한 명명법 교육은 단어와 그것을 의미하는 사물, 그것을 나타내는 추상적인 이미지 등과 이어져야 합니다. 사물과 단어는 아이에게 인지시키는 데만 사용해야 합니다. 그렇기 때문에 단어 이외의 다른 말을 덧붙여서 발음해서는 안 되는 것입니다.

2단계

사물과 단어의 구별을 시험하는 단계입니다. 부모는 항상 놀이가 끝날 때 교육 목적을 달성했는지 확인해야 합니다.

이에 대한 시험은 아이가 단어와 사물을 잘 연결해서 인지하고 있는지 확인하는 것입니다. 1단계와 2단계에는 충분한 시간을 두어야 하고, 조용히 관찰해야 합니다. 이어서 부모는 아이에게 물어보는데 천천히 또박또박 발음하면서, 한 개의 단어를 발음해 봅니다. "꽃잎이 뭐지?", "줄기를 보여 주겠니?"라고 물어보고 아이가 손가락으로 짚어 보게 합니다. 이를 통해 아이가 단어와 사물을 잘 연결해서 인지하고 있는지를 알 수 있게 됩니다.

아이가 이해를 했고, 흥미를 보이는 것을 부모가 확인하고 나면 질문을 더 많이 합니다. "꽃잎을 보여 주겠니?", "줄기를 만져 보겠니?" 등 말입니다.

질문을 여러 번 반복하면 이 단어는 아이의 머릿속에 잘 입력이 됩니다. 단어를 듣고, 그것에 해당하는 사물을 손가락으로 짚어 보는 과정에서 아이의 기억 속에 저장이 되는 것입니다. 만약 아이가 집중을 할 수 없거나, 노력을 하지 않으면서 질문에 답을 잘하지 못한다면, 정답을 가르치거나 강요하지 말아야 합니다. 그런 후 놀이를 중단하고, 다른 날에 다시 해 보도록 합니다.

3단계

단어와 사물을 잘 기억하는 단계입니다. 이는 전 단계에서 하였던 놀이를 재확인하는 것입니다. 부모는 아이에게 사물을 가리키며 "이것이 뭐지?", "이 글자는 무엇이지?"라고 물어봅니다. 만약 아이가 단어들을 잘 기억하고 있다면 아이는 "이것은 꽃잎이에요", "이것은 유럽이에요" 등과 같이 대답할 것입니다.

놀이가 끝날 때는 꽃잎을 가리키며 "오늘 우리는 '꽃잎'을 배웠어", 꽃받침을 가리키며 "오늘 우리는 '꽃받침'을 배웠어"라고 결론을 맺습니다.

다른 단어를 공부할 때는 전에 배운 단어를 기억하고 있는지 복습을 먼저 하고 시작합니다. 만약 아이가 일부만 기억한다면 기억하지 못하는 단어를 먼저 떠올려 보고, 다음 단어로 넘어갑니다.

TIP

일반적으로 아이들에게 사물이나 카드, 숫자, 색깔 등을 보여 줄 때는 3개씩 보여 줍니다. 하지만 아주 어린 아이들이나 지적장애가 있는 아이들은 2개씩 해 보는 것이 좋습니다.

아이의 연대기

- 적정 연령 : 만 2세
- 준비물
  - 넓적한 종이 밴드 1개
  - 아이의 삶에서 중요한 순간을 담은 사진들

방법

1 종이 밴드를 수평으로 놓고, 아이의 사진들을 시간 순서대로 붙입니다. 사진을 찍었을 때가 몇 살이었는지, 무엇을 했는지, 어디에서 찍었는지를 간단하게 기록합니다. 예를 들어 생일, 처음으로 걸은 날, 처음으로 자전거를 배운 날, 동생이 태어난 날, 어린이집에 처음 간 날 등입니다.

2 아이의 삶에 중요한 순간들을 열정적으로 이야기합니다. 이때는 유일하고, 정말 근사한 순간이었다고 말해 줍니다.

생일날의 산책

- 적정 연령 : 만 2세
- 준비
  - 양초 1개
  - 지구본 1개
  - 1월부터 12월까지를 적은 12개의 스티커를 양초 테두리에 순서대로 붙이거나, 둥근 매트를 4개로 나눠 양초를 올릴 수 있도록 사계절을 표시합니다.

방법

1 지난 시간에 했던 '아이의 연대기'를 가지고 옵니다.

2 아이를 초대해 의자에 앉게 한 다음, 오늘은 너의 생일이기 때문에 아주 중요한 날이라고 설명합니다.

3 아이의 손으로 지구본을 잡게 하고, 부모는 초에 불을 붙입니다.

4 양초는 태양계에 있는 태양을 뜻하고, 모든 행성은 태양 주위를 돈다고 말해줍니다. 우리가 살고 있는 행성인 지구를 지금 아이의 손으로 들고 있는 것이라고 말합니다. 이 지구는 1년이 필요한데 이것은 12달로 이루어져 있으며, 태양 주위를 돌면서 생기는 것이라고 설명합니다.

5 아이의 연대기에 있는 사진 중 태어난 날 사진을 가리키면서 "몇 월 며칠에 훌륭한 아이가 태어났어요"라고 말합니다.

6 아이가 태어나고 1년 안에 일어난 중요한 일에 대한 사진이 있다면 계속해서 설명해 줍니다.

7 아이가 지구본을 들고 양초 주위를 돌게 합니다.

8 아이가 한 바퀴를 돌고 나면 아이와 손뼉을 마주치며 "1년이 지난 거야"라고 말해줍니다.

9 만 1년이 지난 뒤부터 오늘까지 아이에게 일어난 중요한 일들을 사진으로 보여 주면서 설명합니다.

10 이제 아이의 생일 케이크를 가지고 오면서 생일 케이크에 있는 촛불을 끄게 합니다.

11 아이가 만 2살보다 더 나이가 많다면, 친구나 동생에게 달을 들어 보라고 합니다. 생일인 아이(지구본을 들고 있는 아이)가 양초를 돌때, 달을 든 친구도 그 아이의 주위를 달이 한 달에 한 바퀴씩 돌듯이 돌라고 합니다.

♣ 미술 공간과 공작놀이

● 적정 연령 : 만 2세

아이가 그림을 그리고 공작놀이를 할 수 있는 공간을 마련합니다. 작업대나 검은색과 흰색으로 되어 있는 양면 탁자가 있으면 좋습니다. 방수천과 의자도 준비합니다.

미술도구들을 상자에 넣어 선반에 보관하되, 각각의 도구들은 구분이 되어야 합니다. 예를 들어 크레파스나 수성펜, 분필, 파스텔, 종이, 작은 조각천 등을 준비해 둡니다. 모든 준비물을 한꺼번에 사용하지 않도록 합니다.

아이가 찾기 쉬운 장소를 지정해 흰 종이와 색지를 둡니다. 작업대 위에는 작은 빨래집게를 두어 아이가 종이를 작업대에 스스로 고정시킬 수 있도록 합니다.

아이의 방에는 직접 만든 작품을 걸어 둘 수 있는 공간을 만들어 줍니다.

♣ 물, 공기, 땅

- 적정 연령 : 만 2.5세
- 준비물
  - 작은 병 3개(하나는 물을 넣고, 하나는 흙을 넣고, 나머지 하나는 비워 둡니다.)
  - 물에서 다니는 탈것 4개(배, 잠수함 등), 땅에서 다니는 탈것 4개(자동차, 자전거, 기차 등), 하늘을 다니는 탈것 4개(비행기, 헬리콥터 등)
  - 지구본 1개

방법

1. 아이에게 지구본을 보여 주면서 바다 부분, 땅 부분을 알려 주며 만져 보라고 합니다. 그리고 공기는 있지만 보이지 않는다고 말해 줍니다.
2. 물을 담은 병을 보고, 여기에 무엇이 담겼는지 물어봅니다.
3. 흙을 담은 병을 보고, 여기에 무엇이 담겼는지 물어봅니다.
4. 공기를 담은 병을 보고, 무엇이 담겼는지 물어봅니다.
5. 탈것들을 순서에 상관없이 하나씩 보여 주면서 어느 것은 물에서 다니고, 어느 것은 땅에서 다니며, 어느 것은 하늘을 다니는지 말해 줍니다.
6. 병을 나란히 놓고, 탈것들을 각각의 병에 맞춰 줄을 세워 보도록 합니다.
7. 아이가 잘 맞추었는지 스스로 확인해 보도록 합니다.

▶ 흙, 물, 공기를 담은 병으로 동물 모형을 분류해 볼 수 있습니다. 물에 사는 동물, 땅에 사는 동물, 하늘에 사는 동물의 모형을 준비해 같은 순서로 놀이를 해 봅니다.

생물과 무생물

○ 적정 연령 : 만 3세

사람, 동물, 식물은 생물입니다. 모든 생물은 4가지의 단계로 살아 갑니다.
- 탄생   • 성장   • 번식   • 사망

또한 이를 위해서는 아래와 같은 활동을 합니다.
- 발달(탄생, 발달, 사망)   • 식사   • 호흡   • 생식

식물도 생물이므로 호흡하고 생식하며 열매를 맺습니다.

생물을 크게 세 가지로 나눌 수 있습니다.
- 인간   • 식물   • 동물

아이에게 이렇게 물어볼 수 있겠지요.
- 이것은 먹을 수 있니?
- 이것은 마실 수 있니?
- 이것은 자라니?
- 이것은 아기를 낳을 수 있니?
- 이것은 죽을 수 있니?

만약 모든 질문에 '네'라고 답한다면 이것은 생물입니다. 만약 하나라도 '아니오'를 답하면 이것은 무생물입니다.

- -

● 준비
- ◆ 사각형의 흰 종이(14X14센티미터)에 생물과 무생물의 이미지를 붙입니다. 이미지는 튤립, 곰 인형, 소녀, 피아노, 개, 자동차 등이 될 수 있겠습니다. 많은 이미지를 준비할수록 좋습니다.
- ◆ 두 개의 종이를 준비해 각각의 앞면에 생물, 무생물을 적습니다. 뒷면에는 준비한 이미지들을 붙이되 생물이라고 적은 종이 뒤에는 생물에 해당하는 것만 붙이고, 무생물이라고 적은 종이에는 무생물에 해당하는 것만 붙입니다.
- ◆ 매트 1개

방법

1 매트나 탁자의 윗쪽에 '생물/무생물'이라고 적은 종이를 놓습니다.
2 아이에게 생물이란 먹고 자라고, 아기를 낳고, 죽을 수 있는 것임을 말해 줍니다.
3 생물과 무생물이 적힌 종이를 보여 줍니다.
4 이미지가 붙은 카드를 하나씩 보여 주면서 "이것은 스스로 먹을 수 있니?", "이것은 아기를 낳을 수 있니?", "이것은 자라나니?" 등의 질문을 합니다.

5 아이가 "예", "아니오"로 대답하면 "그럼 이것은 생물이구나", "그럼 이것은 무생물이구나"라고 말하며 글자 밑에 나란히 줄을 세워 놓습니다.

6 남은 카드들로 계속해 봅니다.

7 종이를 뒤집어 보며 아이와 같이 정답을 확인해 봅니다.

🔱 물에 뜨는 것과 가라앉는 것

- 적정 연령 : 만 3세
- 준비물
  - ◆ 우드트레이 1개
  - ◆ 투명한 샐러드볼 1개
  - ◆ 투명한 피처 1개
  - ◆ 스펀지 1개
  - ◆ 양동이 1개
  - ◆ 볼트 1개, 지우개 1개, 양초 1개, 작은 꽃병 1개, 나사 1개, 열쇠 1개, 나무 갈고리 1개, 빨래집게 1개, 동전 1개, 찰흙 한 덩이를 담은 바구니

방법

1. 아이와 함께 선반에 가서 도구들을 가지고 탁자로 와서 앉습니다.

2. 아이에게 피처에 물을 담아 오라고 합니다.

3. 피처와 샐러드볼을 탁자 위에 놓습니다.

4. 아이에게 물을 샐러드볼에 부어 보라고 합니다.

5. 바구니를 가지고 와서 안에 있는 물건들을 탁자 위에 올립니다. 이때 물건을 하나씩 놓으면서 이름을 말해 주고 물건들은 한 줄로 세워 놓습니다.

6. "우리는 물에 뜨는 것과 가라앉는 것을 알아볼거야"라고 말합니다.

7. 물이 담긴 샐러드볼에 양초를 올리고는 "물에 떴다"라고 말합니다.

8. 아이에게 지우개를 넣어 보라고 합니다. "물에 가라앉았다"고 말해 줍니다.

9 아이에게 다른 물건으로도 해 보라고 합니다.

10 물에 넣은 물건들을 꺼내 스펀지로 물기를 닦아 내면서 물에 뜨는 것과 가라앉는 것을 구분해서 놓아 보라고 합니다.

11 "물에 뜨는 물건은 이쪽, 가라앉는 물건은 저쪽에 있네"라고 말해 줍니다.

12 물건들의 물기를 닦아 바구니에 잘 정리하고, 물을 잘 버리면서 마무리합니다.

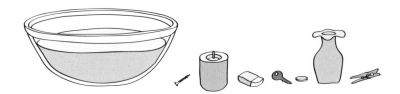

🔆 동서남북

- 🔵 적정 연령 : 만 3세
- 🔵 준비물
  - ◆ 우드트레이 1개
  - ◆ 투명한 접시 1개
  - ◆ 투명한 피처 1개
  - ◆ 나침반 1개
  - ◆ 바늘을 꽂은 작은 종이 조각 1개(이때 바늘은 사전에 자석으로 문질러 놓습니다.)
  - ◆ 스펀지 1개
  - ◆ 수건 1개
  - ◆ 양동이 1개

방법

1 아이와 함께 선반에서 도구들을 찾아와 탁자에 앉습니다.
2 아이에게 피처에 물을 담아오라고 합니다.
3 탁자에 접시와 피처를 놓습니다.
4 아이가 접시에 물을 조금 따르도록 합니다.
5 나침반을 잡고 아이에게 이것이 무엇인지 물어봅니다.
6 "이것은 나침반이라고 해. 잘 봐. 바늘이 북쪽을 향하고 있지?"라고 말합니다.
7 바늘을 꽂은 종이 조각을 접시 물에 띄웁니다.
8 관찰합니다.

9 바늘은 북쪽을 향해 돌 것입니다.

10 아이에게 "이것을 봐. 바늘이 나침반과 같은 방향을 가리키고 있지?"라고 가르쳐 줍니다.

11 아이가 해 보도록 합니다.

12 실험이 끝나면 물을 양동이에 버리고 스펀지로 탁자를 닦습니다.

13 도구들을 정리해 선반의 제자리에 둡니다.

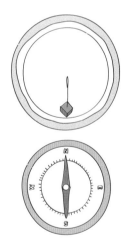

♣ 물의 순환

- 적정 연령 : 만 3세
- 준비물
  - ◆ 뚜껑으로 밀폐할 수 있는 병 1개(조약돌과 흙을 병 속에 담습니다.)
  - ◆ 작은 미니어처 식물
  - ◆ 물을 담은 작은 컵 1개

방법

1. 아이가 병의 바닥에 조약돌을 넣고, 그 위에 흙을 담게 합니다. 작은 식물을 조심스럽게 심습니다.
2. 작은 컵에 물을 담아서 심어 놓은 식물 옆에 둡니다.
3. 병을 뚜껑으로 꼭 닫습니다.
4. 햇볕이 잘 비치는 곳에 놓습니다.
5. 주기적으로 아이에게 관찰하게 합니다. 병 안에 물방울이 맺힌 것을 볼 수 있게 될 것입니다. 컵에 있는 물이 햇볕에 의해 증발해 병의 뚜껑에 물방울로 맺히게 되는 것입니다. 이것들이 모여 식물에게 떨어져 식물이 살아가고 성장하게 합니다. 이것을 '물의 순환'이라고 합니다.

물과 지형

- 적정 연령 : 만 3세
- 준비물
  - 땅과 물의 모양을 보여 주는 모형(섬/호수, 만/반도, 곶/만, 지협/해협 등)
  - 물병 1개(식용 색소로 파란색을 만듭니다.)
  - 작은 배 모형
  - 스펀지 1개
  - 양동이 1개

방법

1 아이에게 지형 모형 1쌍을 가져오라고 한 뒤, 각각의 것에 물을 부어보도록 합니다.

2 3단계 교육법으로 각 지형의 이름을 가르쳐 줍니다.

3 아이에게 물을 담은 각각의 다른 지형을 작은 배로 탐색해 보게 합니다.

4 지구본이나 세계지도를 가지고 와서 방금 배운 것을 찾아볼 수 있는지 물어봅니다.

5 물을 양동이에 비웁니다.

6 아이에게 다른 지형 모형들은 다음 시간에 배우겠다고 말합니다.

♣ 자석놀이 1

- 적정 연령 : 만 3세
- 준비물
  - 우드트레이 1개
  - 자석 1개
  - 골무 1개, 빨래집게 1개, 열쇠 1개, 동전 몇 개, 나무걸이 1개, 못 1개, 클립 1개, 코르크마개 1개를 넣은 상자

방법

1. 아이와 함께 선반에서 도구들을 찾아와 탁자 위에 올려놓습니다.
2. 도구들을 전부 꺼낸 다음, 하나씩 탁자 위에 올리면서 이름을 말해 줍니다.
3. 자석을 꺼내 보여 주면서 이것은 자석이라고 말해 줍니다.
4. "자석에 끌리는 물건을 살펴보려고 해"라고 말합니다.
5. 자석을 잡고 각각의 물건에 대봅니다.
6. 아이가 해 보도록 합니다.
7. 자석에 끌리는 물건을 아이가 한쪽에 모아 놓도록 합니다. 다른 한쪽에는 자석에 끌리지 않는 물건들을 둡니다.
8. 도구들을 정리해 선반에 가져다 놓습니다.

♣ 자석놀이 2

- ◉ 적정 연령 : 만 3세
- ◉ 준비물
  - ◆ 우드트레이 1개
  - ◆ 작은 컵과 자석
  - ◆ 같은 컵 2개(하나는 고운 모래를 담고 하나는 철가루를 담습니다.)

방법

1 도구들을 선반에서 가져와 탁자 위에 놓습니다.
2 모래와 철가루를 담은 컵을 가져와 탁자 위에 올리면서 보여 줍니다.
3 모래를 담은 컵 안에 철가루를 담습니다.
4 자석을 잡고 그 컵 아래에 대봅니다.
5 관찰합니다.
6 철가루가 자석에 이끌려 따라 붙습니다.
7 손가락으로 철가루를 떼어 내 빈 컵에 담습니다.
8 모래와 섞인 철가루가 하나도 남지 않을 때까지 이것을 계속해 옮겨 담습니다.
9 아이가 해 보도록 합니다.
10 도구를 정리해 선반에 놓습니다.

♧ 자연의 탁자

- 적정 연령 : 만 3세
- 준비물
  - ◆ 아이가 자연을 산책하면서 가지고 온 것들을 놓을 수 있는 탁자 1개 (꽃, 잎, 조개껍질, 솔방울, 나무껍질, 버려진 둥지, 새털, 도토리, 양털 등의 모아 온 것들은 계절별로 분리해서 놓습니다.)
  - ◆ 돋보기 1개
  - ◆ 의자 1개
  - ◆ 자연물들의 이름을 적은 스티커 (아이가 글씨를 읽지 못해도 괜찮습니다.)

주의

이 탁자 위에는 자연에서 얻은 것(동식물 등을 비롯한 자연물들)만 두어야 합니다. 또 계절별로 자주 바꾸어 주어야 합니다. 이것들을 통해 아이는 계절이 바뀌고 있다는 것을 배우게 됩니다. 도토리는 가을, 개나리꽃은 봄, 밀은 여름 등을 나타냅니다.

방법

1. 아이를 탁자로 불러서 자연물들을 관찰하게 합니다. 각각 관찰한 것에 대한 짧은 설명을 해 줍니다.
2. 돋보기로 관찰하는 방법을 알려 줍니다.
3. 3단계 교육법을 통해 어휘 공부를 합니다.

4 각각 관찰한 것에 이름 스티커를 붙입니다.

5 자연에서 얻은 것들을 자주 바꾸어 줍니다.

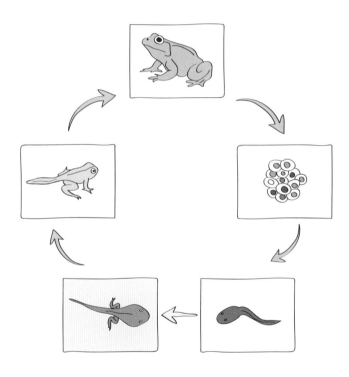

🐾 동물 모으기

- ◉ 적정 연령 : 만 3세
- ◉ 준비물
  - ◆ 전 세계 동물 모형(각각의 대륙별로 구분할 수 있습니다.)
  - ◆ 동물 이름을 쓴 스티커(테두리를 각 대륙별로 다른 색으로 나타낸 것)
  - ◆ 각 대륙의 색을 다르게 표시한 세계지도 – 북미(주황색), 남미(분홍색),
    극지방(흰색), 유럽(빨간색), 아프리카(초록색), 아시아(노란색), 오세아니아
    (밤색), 해양(파란색) 등

방법

1 아이가 사는 대륙의 동물을 골라 간단한 설명을 해 줍니다. 다른
   동물도 설명해 줍니다.
2 아이가 세계지도에서 대륙을 골라 보게 합니다.
3 각각의 동물이 사는 대륙에 동물 모형을 올려봅니다.
4 아이가 글을 읽을 줄 안다면 동물 이름이 쓰여 있는 스티커를 주
   고 붙여 보게 합니다.

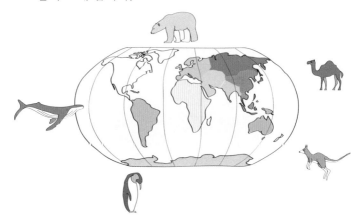

동물과 발자국

- 적정 연령 : 만 3세
- 준비물
  - 12개의 사진(6개는 동물 전신 사진, 6개는 발자국 사진으로 정확성을 위해서 동물 사진은 정확하고 화질이 좋은 것으로 준비합니다. 동물 사진 뒤에 각각에 해당하는 발자국 사진을 스티커로 붙여 정답 확인을 할 수 있게 합니다.)
  - 매트 1개

방법

1 모든 사진을 탁자나 매트 위에 한 줄로 정렬합니다. 이때 왼쪽에서 오른쪽 순서로 놓습니다.

2 한쪽에는 동물 사진을 놓고, 다른 한쪽에는 발자국 사진을 모아 분리합니다.

3 동물 사진을 하나 뽑습니다.

4 매트나 탁자의 위쪽에 놓습니다.

5 해당 동물 사진에 맞는 발자국 사진을 골라 동물 사진 오른쪽에 놓습니다.

6 다른 동물 사진을 하나 골라 처음 놓은 동물 사진 아래쪽에 놓습니다. 해당 동물에 맞는 발자국 사진을 골라 오른쪽에 놓습니다.

7 아이가 이어서 해 보게 합니다.

8 놀이가 끝나면 동물 사진을 뒤집어 정답 확인을 합니다.

♣ 동물과 눈

- 적정 연령 : 만 3세
- 준비물
  - 12개의 사진(6개는 동물 전신 사진, 6개는 눈 사진으로 정확성을 위해서 동물 사진은 화질이 좋은 것으로 준비합니다. 동물 사진 뒤에 각각에 해당하는 눈 사진을 스티커로 붙여 정답 확인을 할 수 있게 합니다.)
  - 매트 1개

방법

1. 모든 사진을 탁자나 매트 위에 한 줄로 올려놓습니다. 이때 왼쪽에서 오른쪽 순서로 놓습니다.
2. 한쪽에는 동물 사진을 놓고, 다른 한쪽에는 눈 사진을 모아 분리합니다.
3. 동물 사진을 하나 뽑습니다.
4. 매트나 탁자의 위쪽에 놓습니다.
5. 해당 동물 사진에 맞는 눈 사진을 고른 후, 동물 사진 오른쪽에 놓습니다.
6. 다른 동물 사진을 하나 골라 처음 놓은 동물 사진 아래쪽에 놓습니다. 해당 동물에 맞는 눈 사진을 골라 오른쪽에 놓습니다.
7. 아이가 이어서 해 보게 합니다.
8. 놀이가 끝나면 동물 사진을 뒤집어 정답 확인을 합니다.

♣ 동물과 털

● 적정 연령 : 만 3세
● 준비물
  ◆ 12개의 사진(6개는 동물 전신 사진, 6개는 털 사진으로 정확성을 위해서 동물 사진은 화질이 좋은 것으로 준비합니다. 동물 사진 뒤에 각각에 해당하는 털 사진을 스티커로 붙여 정답 확인을 할 수 있게 합니다.)
  ◆ 매트 1개

방법

1 모든 사진을 탁자나 매트 위에 한 줄로 정렬합니다. 이때 왼쪽에서 오른쪽 순서로 놓습니다.
2 한쪽에는 동물 사진을 놓고, 다른 한쪽에는 털 사진을 모아 분리합니다.
3 동물 사진을 하나 뽑습니다.
4 매트나 탁자의 위쪽에 놓습니다.
5 동물 사진에 맞는 털 사진을 골라 동물 사진 오른쪽에 놓습니다.
6 다른 동물 사진을 하나 골라 처음 놓은 동물 사진 아래쪽에 놓습니다. 해당 동물에 맞는 털 사진을 골라 오른쪽에 놓습니다.
7 아이가 이어서 해 보게 합니다.
8 놀이가 끝나면 동물 사진을 뒤집어 정답 확인을 합니다.

🐚 아이의 한 주간 생활

◉ 적정 연령 : 만 3세
◉ 준비
  ◆ 현수막 형태의 큰 띠를 준비해 일주일(7일)간의 아이의 생활 모습을 그립
    니다. 월요일부터 일요일까지를 쓰고, 각각의 요일에 주로 하는 일을
    그립니다.
  ◆ 개별 이미지(현수막에 넣은 것과 같은 이미지를 하나씩 더 준비하되 따로
    떼어서 쓸 수 있도록 합니다.)

방법

1 아이를 탁자나 매트에 초대해서 현수막을 펴게 합니다.
2 그림을 활용해 3단계 교육법으로 월요일부터 일요일까지를 가르
   쳐 줍니다.
3 개별 이미지를 현수막에 대면서 아이가 요일을 잘 기억하게 합니다.
4 아이에게 현수막을 뒤집으라고 합니다.
5 요일 순서대로 그림을 정렬해 보도록 합니다.
6 현수막을 펴서 정답을 맞추었는지 확인해 봅니다.

하루 일과

적정 연령 : 만 3세

준비

- ◆ 현수막 형태의 큰 띠를 준비해 아이의 하루 일과를 그려 넣습니다. 일어나기, 아침 먹기, 어린이집에 가기, 어린이집에서 놀기, 귀가하기, 놀기, 저녁 먹기, 이 닦기, 잠자기 등 각각의 그림은 무엇을 하고 있는지 알아보기 쉬워야 하고 한 그림에 하나의 활동만 있어야 하며 그림의 윗쪽 중앙에 시계 모양으로 시간을 적습니다.
- ◆ 개별 이미지(현수막에 넣은 것과 같은 이미지를 하나씩 더 준비하되 따로 떼어서 쓸 수 있도록 합니다.)
- ◆ 매트 1개

방법

1 매트로 아이를 초대해 현수막을 펼치도록 합니다.
2 아이와 각각의 그림을 함께 보며 이야기를 나눕니다.
3 시계를 보여 줍니다.
4 아이에게 그림을 설명해 보라고 합니다.
5 아이가 개별 이미지와 현수막 속 그림의 짝을 맞추어 볼 수 있도록 합니다.
6 아이에게 현수막을 뒤집어서 보지 않도록 하고, 개별 이미지를 시간의 순서대로 정렬하게 합니다.
7 아이가 현수막을 다시 펼쳐서 정답을 확인하게 합니다.

♣ 날씨

- 적정 연령 : 만 3세
- 준비물
  - 달력
  - 날씨를 표시하는 카드(신문에 있는 구름, 비, 맑음, 안개, 눈, 바람 등의 기호를 활용해 준비합니다.)

방법

1 날씨를 표시하는 카드를 아이에게 하나씩 주면서 설명을 해 줍니다.

2 3단계 교육법을 통해 어휘를 공부하게 합니다.

3 달력에 표시된 각각의 날짜를 보여 줍니다.

4 각각의 날짜 칸 안에 날씨를 표시하는 카드를 대보고 바깥의 날씨를 확인합니다.

5 아이가 더 크면 온도계를 살펴보고 기온을 쓰게 할 수도 있습니다.

6 또한 구름의 형태나 풍향을 기록해 볼 수도 있습니다.

♣ 계절

● 적정 연령 : 만 3세
● 준비
  ◆ 선명한 색깔을 사용해 4개로 나눠 칠한 현수막 1개(겨울은 흰색, 봄은 연
    두색, 여름은 노란색, 가을은 갈색으로 칠합니다. 종이 한 장을 펴 위쪽에 계
    절 이름을 쓰고, 그 아래에 각각의 계절에 맞는 사진을 붙입니다. 예를 들어
    아이에게 익숙한 지역의 풍경이나 나무 등의 사진을 활용합니다.)
  ◆ 종이에 붙인 이미지와 같은 것을 더 큰 사이즈로 각각 1개씩 준비합니다.
  ◆ 매트 1개

방법

1 아이를 매트로 초대해 현수막을 보여 줍니다.
2 현수막에 있는 그림들을 아이에게 보여 주고 무엇이 보이는지 말
   해 보게 합니다.
3 3단계 교육법으로 계절 이름을 익힙니다.
4 아이에게 개별 이미지를 현수막에 있는 계절 이름에 맞추어 대보
   게 합니다.
5 현수막을 뒤집고 아이에게 그림을 계절 순서대로 정렬해 보라고
   합니다.
6 현수막을 다시 펼쳐서 정답을 확인합니다.

12개월 배우기

- 적정 연령 : 만 3세
- 준비
  - 현수막에 12개월을 쓰고 각각에 해당하는 특별한 행사 그림을 붙입니다. 계절별로 색깔을 다르게 표시해도 됩니다. 예를 들어 봄은 연두색, 여름은 노란색, 가을은 갈색, 겨울을 흰색으로 표시하고 환절기는 색깔을 반반씩 표시해도 됩니다.
  - 개별 이미지(현수막에 넣은 12개의 이미지를 따로 준비합니다.)
  - 매트 1개

방법

1 아이를 매트로 초대해 현수막을 펼치게 합니다.
2 3단계 교육법으로 월 이름을 가르쳐 줍니다.
3 현수막에 있는 그림을 보고 설명합니다.
4 아이가 개별 이미지들을 현수막에 직접 대보면서 12개월을 익히게 합니다.
5 현수막을 뒤집은 후에 그림을 월 순서대로 정렬하게 합니다.
6 아이에게 현수막을 다시 펼쳐서 정답을 확인하게 합니다.

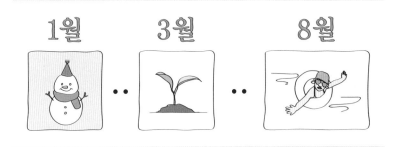

현재와 과거 배우기

- 적정 연령 : 만 3세
- 준비
  - ◆ 종이를 세로 방향으로 반으로 잘라서 오른쪽 상단에 '현재'라고 쓰고 왼쪽 상단에는 '과거'라고 표기합니다.
  - ◆ 현재와 과거에 아이의 경험을 보여 주는 사진들(가족 행사, 여행, 식당에서의 식사 등)

방법

1. 종이와 사진을 준비합니다.
2. 사진들 중 현재에 해당하는 것들을 모아 아이에게 설명해 주면서 종이의 '현재' 부분에 붙입니다.
3. 같은 사진을 며칠 후에 다시 보여 주면서 며칠 전에 일어났던 일을 '과거'라고 한다고 가르쳐 주면서 '과거' 부분으로 옮깁니다.

♣ 국기

- ◉ 적정 연령 : 만 3세
- ◉ 준비물
  - ◆ 국기 그림과 국가의 이름이 함께 있는 카드, 국가의 이름만 쓰여 있는 카드, 국기만 있는 카드 각각 여러 개
  - ◆ 흰 바탕으로 된 빈 깃발

방법

이 놀이는 언어 영역에서 사용한 단어 카드의 일종입니다. 단어 카드 부분을 다시 한번 살펴보시기 바랍니다.

1. 단어 카드의 사용 방법을 다시 한번 알려 줍니다.
2. 3단계 교육법으로 국기를 익히게 하고, 각각의 나라에 대한 설명을 짧게 해 줍니다.
3. 다른 국기 카드로 국가 이름을 익히게 합니다.
4. 아이가 글을 읽을 줄 안다면, 국가 이름만 쓰인 카드를 국기 그림만 보고 서로 맞추어 보게 합니다.
5. 아이가 익힌 국기를 빈 깃발에 그려 보라고 합니다.

공기와 물 1

- 적정 연령 : 만 4세
- 준비물
  - 우드트레이 1개
  - 투명하고 둥근 접시 1개
  - 투명한 피처 1개
  - 컵 1개
  - 호두 껍데기로 만든 작은 배 1개
  - 물을 담은 작은 컵
  - 빨대 1개
  - 스펀지 1개
  - 수건 1개
  - 양동이 1개

방법

1. 아이와 함께 선반에 가서 도구들을 챙겨와 탁자 위에 놓습니다.
2. 아이가 피처에 물을 담게 합니다.
3. 피처, 접시, 스펀지를 탁자 위에 놓습니다.
4. 아이에게 접시에 물을 조금 붓게 합니다.

1단계

1. 컵을 들어서 탁자 위에 뒤집어 놓습니다.
2. 뒤집은 컵을 (물을 조금 담은) 접시 위에 엎습니다.
3. 컵 안에 거품이 조금씩 생겨나는지를 관찰합니다.

4   아이가 해 보도록 합니다.

2단계

1   작은 배, 빨대, 스펀지를 탁자 위에 올립니다.

2   배를 접시 안에 담긴 물 위에 띄우고 빨대를 불어서 배가 움직이
    게 합니다.

3   아이가 해 보도록 합니다.

3단계

1   빨대와 스펀지를 탁자 위에 놓습니다.

2   빨대를 (물이 담긴) 접시에 대고 조금씩 공기를 불어 가면서 거품이
    나게 합니다. (물이 여기저기로 튀지 않도록 조심스럽게 합니다.)

3   끝나면 물을 양동이에 버리고 탁자를 스펀지로 잘 닦습니다.

4   도구들을 선반에 잘 정리합니다.

국기의 부분만 보고 맞추기

- 적정 연령 : 만 4세
- 준비물
  - ◆ 국기의 한 부분만 나타나 있는 그림
  - ◆ 국가의 이름만 쓰여 있는 카드
  - ◆ 국기 그림과 국가의 이름이 함께 있는 카드

방법

1 이 놀이는 단어 카드를 사용합니다. 단어 카드로 공부하는 방법을 다시 한번 알려 줍니다.

2 3단계 교육법으로 국기의 일부분만 보고 국가 이름을 맞추게 합니다.

3 아이가 글을 읽을 줄 알면, 국가의 이름만 쓰여 있는 카드를 주고 그림과 맞추어 보게 합니다.

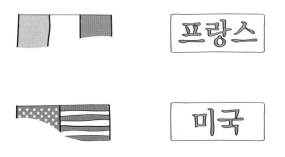

♣ 대륙

- ● 적정 연령 : 만 4세
- ● 준비물
  - ◆ 대륙별로 다른 색으로 표시된 퍼즐(예를 들어, 북미−주황색, 남미−분홍색, 극지방−흰색, 유럽−빨간색, 아프리카−초록색, 아시아−노란색, 오세아니아−밤색, 해양−파란색 등)

방법

1 아이에게 구형(지구본)이 어떻게 납작한 세계지도가 되었는지 설명해 줍니다.

2 지구본을 보여 주면서 대륙을 가르쳐 줍니다.

3 지구본에 있는 대륙과 세계지도에 나와 있는 대륙이 같다는 것을 알려 줍니다.

4 아이에게 퍼즐에 붙어 있는 손잡이를 엄지와 검지로 잘 잡아서 모든 퍼즐 조각들을 꺼내게 합니다.

5 아이가 퍼즐 조각 하나를 골라 제자리에 잘 끼우도록 합니다.

6 3단계 교육법으로 6대주의 이름을 가르쳐 줍니다.

7 3단계 교육법으로 5대양의 이름을 가르쳐 줍니다.

8 아이에게 빈 종이를 주고 5대양 6대주를 그려 보게 합니다.

9 아이에게 각 대륙의 색깔을 알맞게 칠해 보게 합니다.

다른 나라의 아이들

◉ 적정 연령 : 만 4세
◉ 준비
  ◆ 전 세계의 아이들 사진을 여러 개 준비하는데, 어떤 것은 독사진으로 어떤 것은 부모와 함께 있는 것으로 준비합니다.
  ◆ 대륙별로 사용할 색깔의 색지를 준비해 각각의 대륙에 맞는 사진을 붙입니다. 각 장에 넣은 사진의 개수는 같아야 합니다.

방법

1 아이가 대륙을 하나 골라서 그 대륙에 사는 아이들의 사진을 보게 합니다.
2 다른 대륙에 사는 아이들과 부모들의 특징을 아이와 함께 이야기해 봅니다.
3 아이가 다른 대륙의 아이들과 부모들의 사진을 보게 합니다.

🍀 식물의 세계

- 🌕 적정 연령 : 만 4세
- 🌕 준비물
  - ◆ 각각 다른 맛의 여러 가지 과일과 채소(단맛, 신맛 등)
  - ◆ 여러 가지 다른 형태의 과일과 채소(뿌리, 잎, 꽃, 씨 등)
  - ◆ 각각의 과일과 채소들의 이름이 적힌 스티커

방법

1. 아이가 색깔, 맛, 냄새 등 오감을 활용해 과일과 채소를 관찰하게 합니다.
2. 예를 들어 망고의 경우 잘라서 색깔을 보여 주고, 씨도 보여 주고, 맛도 보게 합니다.
3. 각각의 식물과 씨앗을 알려 주고 짝을 맞추어 봅니다.
4. 과일과 채소에 각각 해당하는 이름 스티커를 붙이게 해 봅니다.

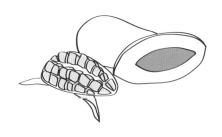

시간 재기

- 적정 연령 : 만 4세
- 준비물
  - 시간을 잴 수 있는 모래시계, 초시계, 벽시계 이미지를 담은 단어 카드
  - 모래시계, 초시계, 벽시계를 사용하는 상황을 담은 이미지(각각의 시계 이미지와 상황 이미지 뒷면에 같은 색깔 스티커를 붙여서 정답 확인을 할 수 있게 합니다.)

방법

1 아이에게 각각의 시계 이미지에 나와 있는 것이 무엇인지 물어봅니다. 잘 모르면 가르쳐 줍니다.
2 아이에게 시간의 길이나 용도에 따라 각각 다른 기구를 사용한다는 것을 가르쳐 줍니다. (모래시계는 3분, 벽시계는 24시간 등)
3 상황 이미지를 보면서 어떤 시계를 사용해 시간을 재는지 물어보고 맞는 시계 카드를 짝지어 보도록 합니다.
4 아이는 이미지를 뒤집어 보고 정답 확인을 할 수 있습니다.

♣ 공기와 물 2

- 적정 연령 : 만 4세
- 준비물
  - ◆ 우드트레이 1개
  - ◆ 투명한 피처 1개
  - ◆ 유리컵 1개
  - ◆ 동전들을 담은 작은 컵
  - ◆ 둥글게 자른 종이 1개
  - ◆ 스펀지 1개
  - ◆ 휴지
  - ◆ 양동이 1개

방법

1. 아이와 함께 선반에 가서 도구들을 챙겨 와 탁자 위에 놓습니다.
2. 아이가 피처에 물을 담게 합니다.

1단계

1. 양동이를 탁자 위에 올린 후, 앉지 말고 섭니다.
2. 피처에 담긴 물을 컵에 가득 채워 따릅니다.
3. 둥글게 자른 종이를 컵 위에 얹으며 손으로 덮고, 다른 손으로는 (양동이 안에서) 컵을 뒤집습니다.
4. 컵을 덮었던 손을 뗍니다.
5. 종이가 컵에 남아 있는 것을 확인합니다.
6. 아이가 해 보도록 합니다.

1 피처에 물을 가득 채우고 앉습니다.

2 피처와 컵, 동전을 담은 컵 등을 탁자에 놓습니다.

3 피처를 잡고 컵에 물을 가득 붓습니다.

4 동전 하나를 물속에 넣습니다.

5 관찰합니다.

6 아이가 동전을 하나 더 물속에 넣어 볼 수 있게 한 후, 이를 관찰해 봅니다.

7 다른 동전도 하나 또 넣어 보게 합니다.

8 변화를 관찰합니다.

9 수면이 부풀어 오른 것을 볼 수 있습니다.

10 물이 볼록하게 올라왔다고 말해 줍니다.

11 물이 넘칠 때까지 동전을 넣어 봅니다.

12 컵에 있는 내용물을 양동이에 담고, 동전은 건져서 스펀지로 물기를 닦습니다.

13 도구들을 정리해 선반에 놓습니다.

♣ 태양의 중요성

● 적정 연령 : 만 4세

이 교육은 자연의 모든 것이 지구와 연결되어 있다는 사실을 어릴 때부터 깨닫게 하기 때문에 아주 중요합니다.

우리가 자연을 조심스럽게 다루지 않으면 제대로 삶을 이어갈 수 없습니다. 자연을 이루는 각각의 요소들은 우리의 삶을 이어가게 하고, 이 모든 것이 균형을 이루고 있기 때문입니다. 요소들 중 하나라도 없으면 생태계의 혼란을 가져올 수 있으므로, 아이에게 이 모든 것들이 연관이 있다는 것을 알려 줄 필요가 있는 것입니다.

이 놀이를 통해 아이는 지구에서의 삶은 태양과 연결되어 있고, 태양이 중요한 존재라는 것을 알게 됩니다. 즉, 태양은 지구 에너지의 원천입니다.

식물은 광합성으로 자라고, 이것은 태양의 빛에 의한 것입니다. (이것을 아이에게 설명해 줍니다.) 식물들은 초식동물의 먹이가 되고, 초식동물은 육식동물의 먹이가 됩니다.

가능하면 태양의 크기는 우리가 살고 있는 지구보다 훨씬 크다는 것을 알려 주는 것이 좋습니다. 또한 이 놀이를 통해 먹이사슬을 배울 수도 있습니다.

1 태양 모형이나 그림을 바닥에 놓고, 아이들이 태양 주위로 동그랗게 앉도록 합니다. 태양 모형과 아이들 사이에는 카드나 물건들을 놓을 수 있는 공간이 있어야 합니다.

2 태양의 중요성에 대해 아주 재미있는 이야기를 들려주듯이 설명해 줍니다.

다음과 같은 방식으로 이야기를 해 주면 됩니다.

태양은 엄청나게 큰 별인데 우리가 사는 별인 지구와 아주 멀리 떨어져 있단다. (가능하면 태양계 모형이나 그림을 보여 줍니다.)

우리가 하늘을 보면 마치 태양이 움직이는 것처럼 보이는데 사실 이것은 착시일 뿐이야. 실제로는 지구가 뱅글뱅글 돌고 있어서 그렇게 보이는 것이란다. (지구본을 돌려서 보여 줍니다.) 구름도 가끔씩 그 위에 지나가지. 지구에 살고 있는 모든 것은 태양의 에너지가 필요하단다. 식물들도 태양빛으로 먹거리를 만들어서 자라고 살게 하지. (광합성을 하는 식물들의 그림을 태양 그림 주위에 놓습니다.)

어떤 생물들은 살기 위해서 식물을 먹이로 먹어야 한단다. 우리는 이런 동물을 '초식동물'이라고 해. (초식동물 그림들을 식물 그림 밑에 놓습니다.) 식물을 먹는 동물이 없으면 이 지구는 식물들로만 가득하겠지.

그리고 초식동물을 잡아먹는 동물이 있는데 이것은 '육식동물'이라고 해. (이제는 육식동물들의 그림을 초식동물 그림 밑에 놓습니다.)

만약 육식동물이 없다면 초식동물을 먹고사는 생물이 없으니까 지구는 초식동물들로만 가득하겠지.

한편 어떤 동물들은 식물도 먹을 수 있고, 동물도 먹을 수 있어. 우리는 이런 동물을 '잡식동물'이라고 해. (이번에는 잡식동물 그림을 놓습니다.) 우리, 그러니까 사람은 식물과 동물을 둘 다 먹으면서 자라고 살 수 있어서 잡식동물이야. 하지만 사람들 중에서 고기를 안 먹는 사람들이 있는데 우리는 이런 사람들을 '채식주의자'라고 부른단다.

더 나아가기

노란색의 큰 종이를 잘라 태양을 만듭니다. 태양 덕분에 사는 것들의 스티커를 붙이거나 그립니다.

▶ 초식동물: 꿀벌, 하마, 노루, 양, 토끼, 코끼리, 말, 당나귀, 기린, 소, 코알라 등

▶ 육식동물: 개구리, 상어, 뱀, 호랑이, 범고래, 고양이, 부엉이, 땅거미 등

▶ 잡식동물: 너구리, 곰, 사람 등(사람은 아이, 여자, 남자, 노인 등 여러 종류로 스티커를 준비합니다.)

☀ 태양계

- ◉ 적정 연령 : 만 4세
- ◉ 준비물
  - ◆ 행성이 그려져 있고, 행성 이름이 써 있는 단어 카드
  - ◆ 행성 그림만 있는 카드
  - ◆ 행성 이름만 써 있는 카드
  - ◆ 매듭을 지을 수 있는 줄

방법

1 행성 그림과 이름이 함께 쓰여 있는 단어 카드를 가지고 행성을 하나씩 아이에게 설명해줍니다.

2 줄 위에 태양을 놓고, 각각의 행성을 위치대로 놓아 보여 줍니다. (태양은 노란색 동그라미로 준비해도 됩니다.)

3 3단계 교육법으로 각 행성의 이름을 가르쳐 줍니다.

4 단어 카드로 짝 맞추기 놀이를 하면서 아이가 스스로 이름을 외울 수 있도록 합니다. 아이가 글을 읽을 줄 안다면 행성 이름만 써 있는 카드를 활용해 각각의 행성 그림과 짝을 맞추게 합니다.

5 단어 카드를 보고 아이가 스스로 정답 확인을 해 보도록 합니다.

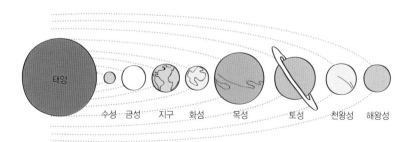

🍀 신체 부위

- 적정 연령 : 만 4세
- 준비물
  - 신체의 각 부위를 나타내는 단어 카드(머리, 목, 어깨, 팔, 가슴, 배, 다리 등 신체 부위 그림이 컬러로 그려져 있고, 그 이름이 함께 쓰여 있는 카드)
  - 위의 카드와 같지만 이름이 없고 그림만 있는 카드
  - 신체 부위를 나타내는 이름만 있는 카드

방법

1. 다른 단어 카드 놀이와 마찬가지로 보여 주고 설명해 줍니다.
2. 3단계 교육법으로 각각 다른 신체 부위의 명칭을 익히게 합니다.
3. 각각의 신체 부위에 대한 설명을 짧게 해 줍니다.
4. 그림만 있는 카드와 이름만 있는 카드의 짝을 맞추어 보고, 그림과 이름이 둘 다 있는 카드로 정답을 확인합니다.

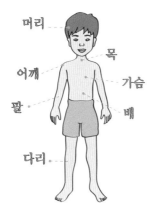

♣ 어디서 왔을까?

- 적정 연령 : 만 4세
- 준비
  - ◆ 어디서 왔는지 상상할 수 있는 사물 사진 6쌍
  - ◆ 사진은 예를 들어 모직물/양털, 코르크 마개/코르크나무, 가구/나무, 실/목화, 타이어/고무나무, 바구니/짚 등을 준비합니다.
  - ◆ 각각의 쌍은 뒷면에 정답을 확인하기 쉽도록 같은 색의 작은 스티커를 붙입니다.

방법

1 각각의 사진을 보여 주며 간단하게 설명해 줍니다.

2 한쪽에는 만들어진 제품(모직물, 코르크 마개, 가구, 실, 타이어 등)의 사진을 세로로 한 줄로 정렬하고, 다른 쪽에는 재료에 해당하는 것의 사진을 한 줄로 모아 놓되, 순서는 맞지 않게 합니다.

3 제품 사진을 하나 들고, 이것이 무엇인지 무슨 재료로 만들어졌는지 물어봅니다. 아이가 대답을 하면 재료 사진을 모아둔 곳에서 골라 꺼냅니다. 제품 사진과 재료 사진을 다른 한쪽에 가로로 짝을 지어 놓습니다.

4 다른 사진도 짝을 맞추어 그 밑에 놓습니다.

5 남은 사진을 전부 이어서 해 봅니다.

6 사진들을 뒤집어 보면서 정답을 확인해 봅니다.

7 실수가 있었다면 왜 맞지 않는지 설명해 줍니다.

🐾 동물의 생애

- 적정 연령 : 만 4세
- 준비
  - 동물의 사진이나 그림(개구리, 개미, 나비, 병아리 등)을 준비해 현수막 안에 그려진 원형에 붙입니다. 각각의 이미지 밑에는 이름을 쓰고, 각 동물별로 알, 올챙이, 병아리, 닭, 번데기 등 생애를 나타내는 이미지도 준비합니다.
  - 위와 같지만 각 동물의 이름 없이 이미지만 있는 것을 준비합니다.
  - 이름만 쓰여 있는 카드

방법

1 아이를 탁자에 초대해 현수막을 펼쳐보도록 합니다.

2 아이에게 이미지들을 각 동물의 짝을 맞추어 현수막에 놓아 보라고 합니다.

3 아이가 글을 읽을 줄 알면 이름만 써 있는 카드도 놓게 합니다.

4 아이에게 현수막을 뒤집게 합니다.

5 이미지들을 섞은 다음 한 동물의 생애별로 모아 봅니다.

6 글을 읽을 줄 안다면 각각의 이름 카드도 놓게 합니다.

7 아이가 현수막을 펼쳐보고 정답을 확인하게 합니다.

동물의 부분 단어 카드

- 적정 연령 : 만 4세
- 준비물
  - ◆ 동물들의 신체 일부분을 나타낸 그림과 동물 이름이 함께 있는 카드
  - ◆ 위와 같은 것인데 그림만 있는 카드
  - ◆ 이름만 쓰여 있는 카드

방법

1 아이에게 동물의 그림과 이름이 함께 있는 카드들을 왼쪽부터 오른쪽 순서로 늘어놓게 합니다.

2 그림과 글자로 어휘를 익힙니다.

3 아이가 아직 글을 읽지 못하면 3단계 교육법으로 가르쳐 주고, 글을 읽을 줄 안다면 이름을 읽어 보게 합니다.

4 아이에게 그림과 이름이 함께 있는 카드와 그림만 있는 카드의 짝을 맞추게 합니다.

5 아이가 글씨를 읽을 수 없다면 여기에서 멈춥니다.

6 아이가 글을 읽을 줄 안다면 4 에서 맞춘 짝과 이름만 쓰여 있는 카드를 연결해서 놓게 합니다.

7 그림과 이름이 함께 있는 카드를 뒤집습니다.

8 이름만 있는 카드를 섞어서 제자리를 찾아 놓으라고 합니다.

9 그림과 이름이 함께 있는 카드를 뒤집어서 정답을 확인합니다.

♣ 식물 이름 단어 카드

- 적정 연령 : 만 4세
- 준비물
  - 식물(꽃, 나무, 잎 등) 그림과 그 이름이 함께 있는 카드 여러 개
  - 위와 같은 카드인데 그림만 있는 카드
  - 이름만 쓰여 있는 카드

방법

1 아이를 탁자로 초대해 카드를 왼쪽에서부터 오른쪽으로 펼쳐보도록 합니다.

2 카드로 어휘 학습을 시작합니다.

3 아이가 글을 읽지 못한다면 3단계 교육법을 따라 이미지를 활용해 이름을 가르치는 데 집중하고, 글을 읽을 줄 안다면 이름과 그림을 맞추어 봅니다.

4 그림만 있는 카드와 그림과 이름이 함께 있는 카드의 짝을 아이에게 맞추어 보게 합니다.

5 아이가 글을 읽지 못하면 여기서 멈춥니다.

6 아이가 글을 읽을 줄 알면 이름만 쓰여 있는 카드를 그림만 있는 카드에 올리면서 짝을 맞춥니다.

7 그림과 이름이 모두 나와 있는 카드를 뒤집습니다.

8 이름만 있는 카드를 섞어서 다시 그림만 있는 카드와 짝을 맞추게 합니다.

9 식물 그림과 그 이름이 함께 나와 있는 카드를 뒤집어가면서 정답을 맞추었는지 확인해 봅니다.

🍀 과일과 채소 분류하기

- 적정 연령 : 만 4세
- 준비물
  - ◆ 바구니 1개
  - ◆ 6가지 과일과 6가지 채소
  - ◆ '과일', '채소'를 적은 카드

방법

1. 과일과 채소를 담은 바구니를 가지고 옵니다.
2. 아이에게 과일과 채소를 만져 보고, 냄새를 맡아 보고, 색깔과 모양을 잘 살펴보게 합니다.
3. 각각의 과일과 채소에 대한 설명을 짧게 해 줍니다.
4. '과일', '채소'라고 적힌 카드를 왼쪽과 오른쪽에 떨어뜨려서 놓습니다.
5. 아이에게 이것은 '과일'이라고 적혀 있고, 저것은 '채소'라고 적혀 있다고 알려 줍니다.
6. 과일을 하나 집어들고 "이것은 과일이야"라고 말하며 '과일' 카드 아래에 놓습니다.
7. 그리고 나서 채소를 하나 집어들고 "이것은 채소야"라고 말하며 '채소' 카드 아래에 놓습니다.
8. 다른 과일과 채소로 계속해서 같은 활동을 이어 갑니다.
9. 아이에게 혼자서 해 보라고 합니다.

▶ 실물 과일과 채소를 구하기 어렵다면 과일과 채소 그림(사진) 카드로 놀이를
할 수 있습니다.

▶ '채소'에 해당하는 모든 카드 뒤에 한 가지 색깔의 작은 스티커를 붙이고, '과
일'에 해당하는 모든 스티커 뒷면에는 다른 색깔의 작은 스티커를 붙이면 아
이가 스스로 정답 확인을 하는데 도움이 됩니다.

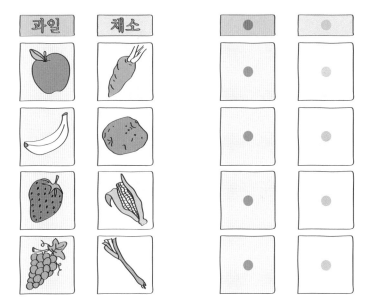

과일과 채소의 안과 밖 구분하기

- 적정 연령 : 만 4세
- 준비물
  - 매트 1개
  - 여러 가지 과일과 채소
  - 바구니 1개 ◆ 도마 1개 ◆ 칼 1개
  - 준비한 과일과 채소의 겉모습을 담은 사진과 속 모양을 담은 사진

방법

1 과일을 하나 골라서 반으로 자르고, 아이에게 과일의 안과 밖을 관찰하게 한 뒤 옆에 둡니다.

2 채소를 하나 골라서 반으로 자른 다음, 아이에게 채소의 안과 밖을 관찰하게 한 뒤 옆에 둡니다.

3 다른 과일과 채소도 같은 방법으로 관찰하게 합니다.

4 과일과 채소의 안과 밖을 보여 주는 사진을 가지고 옵니다.

5 채소의 겉모습을 담은 사진 하나를 골라 매트나 탁자의 상단에 놓습니다.

6 채소의 속 모양을 담은 사진 중 맞는 짝을 찾아서 5 에서 놓은 사진 오른쪽 옆에 놓습니다.

7 다른 과일과 채소의 사진도 같은 방법으로 짝을 맞추어 봅니다.

8 카드를 뒤집어서 정답 확인을 합니다.

258

식물의 생애

● 적정 연령 : 만 4세
● 준비물
  ◆ 현수막(또는 큰 종이)을 준비해 여러 가지 식물(꽃, 과일, 곡식 등)의 생애
    를 단어 카드와 같은 형태로 붙인 것
  ◆ 그림과 이름이 함께 있는 카드
  ◆ 그림만 있는 카드
  ◆ 이름만 쓰여 있는 카드

방법

1 아이를 매트로 초대해 현수막에 있는 여러 가지 식물의 생애에 관
  한 그림들을 주의 깊게 살펴보도록 합니다. 간단하게 설명도 해
  줍니다.
2 아이에게 그림만 있는 카드와 그림과 이름이 함께 있는 카드의 짝
  을 맞추어 보라고 합니다. 현수막을 보고 정답 확인을 합니다.
3 아이가 글을 읽을 줄 안다면 이름만 있는 카드도 활용합니다.

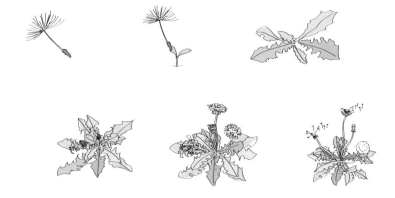

🔥 화산

- 적정 연령 : 만 4세
- 준비
  - 같은 화산 그림에서 화산 분출의 순서대로 각각 활동이 일어나는 모습을 준비합니다.
  - 각각의 카드에 그림이 있고, 그림 밑에 이름이 함께 있는 카드
  - 같은 것으로 그림만 있는 카드
  - 이름만 쓰여 있는 카드

방법

1. 그림과 이름이 함께 있는 카드를 아이에게 보여 줍니다.
2. 아이가 글을 읽지 못하면 3단계 교육법으로 어휘를 가르칩니다.
3. 카드들을 나란히 옆으로 하나씩 놓습니다.
4. 아이가 읽을 줄 안다면 그림과 이름이 함께 있는 카드를 한 줄로 놓고, 그 밑에 그림만 있는 것을 짝에 맞게 놓습니다. 그 아래에는 이름만 있는 카드를 순서대로 놓아 봅니다.
5. 아이가 카드에 있는 화산 활동을 다 익히면, 카드들을 섞습니다.
6. 그림과 이름이 다 있는 카드를 하나씩 수평으로 진열합니다.
7. 아이가 글을 읽지 못하면 그림과 이름이 함께 있는 카드의 짝을 맞추게 합니다.
8. 아이가 글을 읽을 줄 알면 그림과 이름이 함께 있는 카드는 뒤집고, 그림만 있는 카드와 이름 카드의 짝을 맞추게 합니다.
9. 그림과 이름이 있는 카드를 뒤집어 정답을 맞춰 보게 합니다.

지구의 구성

- 적정 연령 : 만 4세
- 준비
  - 지구의 구성에 관한 여러 가지 카드를 준비합니다. 지구의 구조를 알수 있는 각 부분을 컬러로 표시합니다.
  - 각각의 카드에 그림이 있고, 그림 밑에 이름이 함께 있는 카드
  - 위와 같은 것으로 그림만 있는 카드
  - 이름만 쓰여 있는 카드

방법

1. 그림과 이름이 함께 있는 카드를 아이에게 보여 줍니다.
2. 아이가 글을 읽지 못한다면 3단계 교육법으로 어휘를 가르칩니다.
3. 카드들을 나란히 옆으로 하나씩 놓습니다.
4. 아이가 읽을 줄 안다면 그림과 이름이 함께 있는 카드를 한 줄로 놓고, 그 밑에 그림만 있는 것을 짝에 맞게 놓습니다. 그 아래에는 이름만 있는 카드를 순서대로 놓아 봅니다.
5. 아이가 카드에 있는 지구의 구성에 대해 다 익히면, 카드들을 섞습니다.
6. 그림과 글씨가 함께 있는 카드를 하나씩 수평으로 진열합니다.
7. 아이가 글을 읽지 못하면 그림과 이름이 함께 있는 카드의 짝을 맞게 합니다.
8. 아이가 글을 읽을 줄 알면 그림과 이름이 함께 있는 카드는 뒤집고, 그림만 있는 카드와 이름만 있는 카드의 짝을 맞추게 합니다.

9 그림과 이름이 함께 있는 카드를 뒤집어 정답을 맞춰 봅니다.

별자리

- 적정 연령 : 만 4세
- 준비물
  - 검은색 바탕의 별자리 카드 12세트(그림과 이름이 함께 있는 카드, 그림만 있는 카드, 이름만 있는 카드)
  - 별자리를 만들기 위한 두꺼운 종이   ◆ 별자리 모형

방법

1 이미지 카드로 아이가 어휘를 익힐 수 있게 합니다.
2 3단계 교육법으로 각각 다른 별자리의 이름을 공부합니다. 각각의 별자리에 대해 설명을 해 줍니다.
3 아이가 글을 읽을 줄 안다면 이름만 쓰여 있는 카드를 그림만 있는 카드와 짝을 맞추어 보고, 그림과 이름이 함께 있는 카드로 정답 확인을 할 수 있습니다.
4 검은 바탕의 두꺼운 종이에 아이가 구멍을 뚫어가면서 배운 별자리를 만들어 보게 합니다.

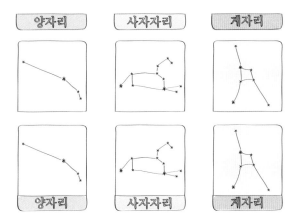

♣ 종이 만들기

- 적정 연령 : 만 4세
- 준비물
  - 많은 양의 신문지를 찢어서 준비해 둔 것
  - 물 한 양동이 정도
  - 말린 꽃잎
  - 평평한 체(예를 들어 창문에 다는 모기장 등)
  - 다리미

방법

1 찢은 신문지를 아이가 물에 담그도록 합니다.

2 잘 저어 줍니다.

3 물을 갈아 줍니다.

4 아이에게 신문지 죽이 뻑뻑해질 때까지 저으라고 합니다.

5 말린 꽃잎을 넣어 줍니다.

6 평평한 체 위에 신문지 죽을 놓고 평평하게 펴 줍니다.

7 마르면 잘 떼어내서 다리미로 다려 줍니다.

잎사귀 관찰하기

- 적정 연령 : 만 4세
- 준비물
  - ◆ 방수천 1개
  - ◆ 투명한 비닐봉지
  - ◆ 돋보기 1개

방법

1 아이가 자연으로 나가서 여러 가지 잎사귀를 주워 오게 합니다.

2 비닐봉지에 조심스럽게 담게 합니다.

3 방수천을 깔고, 잎맥, 잎몸, 턱잎, 잎자루, 잎둘레를 돋보기로 잘 관찰하게 합니다. (3단계 교육법으로 어휘를 익힙니다.)

4 몬테소리 식물 퍼즐(서랍 형태)이 있다면 실제 잎과 퍼즐 속 잎을 비교해 보도록 합니다.

여기에서 다룬 놀이들은 몬테소리 교육을 집에서 가능하게 합니다. 놀이는 원칙에 따라 이루어져야 합니다. 몬테소리 교육의 규칙과 순서를 잘 따라서 해야 한다는 말입니다. 몬테소리 교육을 창시한 마리아 몬테소리가 의사로서 과학적 교육을 목적으로 학교를 시작했다는 것을 잊지 말아야 합니다.

여러 놀이를 진행하면서 그녀는 아이들을 관찰하고, 교육도구들을 아이들에게 보여 주는 방법과 교육방식을 발전시켰습니다. 태도와 몸짓 하나 하나가 직간접적으로 교육 목적의 달성 여부를 좌우하기 때문에 아이의 올바른 발달을 위해서는 세심한 교육이 필요하다고 보았기 때문입니다.

예를 들어 도구들을 왼쪽에서 오른쪽으로 놓는 순서를 지키는 것은 간접적으로 아이가 나중에 글을 읽고 쓰는 방향을 익히게 합니다. 아이가 이 방향을 잘 익히면 나중에 글씨를 반대 방향으로 쓰는 일이 없을 것입니다.

물론 아랍어와 같이 오른쪽에서 왼쪽으로 글을 쓰는 문화에서는 그에 따른 방향으로 놀이를 진행해야 합니다.

엄지와 검지, 중지를 모아서 '집게손가락'을 사용하는 방법을 통해 간접적으로는 펜을 잡고 글을 쓰는 것을 배우게 됩니다. 아이들은 이러한 습관을 통해서 크레파스나 색연필을 잡을 때 자연스럽게 그것들을 쥐고 사용하게 되는 것입니다.

아이가 놀이를 하면 끝까지 해내고 나서 새로운 것을 시작하는 것이 아주 중요합니다. 이는 한번 시작한 것은 끝을 내는 평생 습관을 들일 수 있기 때문입니다. 어른은 항상 아이가 시작한 놀이는 계획에 맞게 끝맺을 수 있도록 아이에게 난이도를 맞춰가면서 놀이를 진행해야 할 것입니다.

아이가 배운 여러 가지 놀이를 통해 튼튼한 기초가 쌓이면, 아이는 본격적으로 학습을 할 때 학습 목표에 더 쉽게 접근할 수 있습니다. 몬테소리 놀이는 아이의 자립심과 자신감, 독립심, 집중력을 길러줍니다.

몬테소리 교육은 단순히 교육이 아닙니다. 삶의 철학이기도 합니다. 어른이 몬테소리 교육 철학에 바탕을 두지 않고 마음대로 아이에게 놀이를 시키면 효과가 없습니다. 마리아 몬테소리는 교육만이 세상의 평화를 이룰 수 있다고 믿었습니다. 이 철학을 항상 염두에 두고 아이들에게 가르침을 전해야 한다고 했습니다.

문화 영역 놀이는 아이가 세상을 알고, 다른 사람들과 함께 세상을 살아가는 법과 상식을 배우기 때문에 특히 중요합니다. 이를 통해 아이는 다른 사람들을 파악할 수 있게 되고, 존중하며, 자기와 다르다고 배제하지 않고 이해하는 마음을 기르게 됩니다.

여러 놀이를 통해서 자연, 예술, 세계에 대해 인지하게 되며, 우리가 사는 세상에 대해 배우면서 조화와 아름다움을 알아가게 되고 이를 보존하려는 마음이 자라게 될 것입니다.

놀이에 대한 준비를 하고 시범을 보여 줄 때 아이의 관심을 먼저 끄는 것은 아이가 학습의 즐거움을 발견할 수 있게 하기에 아주 중요합니다. 아이에게는 즐거움이 학습 발달보다 먼저입니다.

여러 명의 아이들과 함께 하는 놀이는 아이들에게도 즐거움을 주지만, 어른에게도 도움이 됩니다. 주위를 다른 각도로 볼 수 있는 기회가 되기 때문입니다. 실제로 이를 통해 어른은 아이의 발달에 좀 더 나은 방법을 발견할 수도 있게 됩니다.

행동과 관찰은 아이의 발달에 필요한 최적의 환경을 만드는 데 유익한 역할을 합니다. 동시에 어른, 즉 부모와 아이 사이의 유대 관계도 깊어집니다.

언어의 발달을 위한 놀이 역시 어른과 아이 사이의 소통을 원활하게 합니다. 놀이에서 적절한 어휘를 사용하는 것은 이해력을 더 높입니다.

아이의 반응에 세심하게 대하는 것은 아주 중요합니다. 이때 보이는 태도와 언어가 특히 중요한데, 아이와 놀이를 하는 순간이 어른에게도 큰 즐거움이라는 것을 보여 주어야 합니다. 항상 긍정적인 단어를 사용하고, 판단을 내리지 않으며, 아이가 제대로 못 하더라도 "아니야, 틀렸어!"라는 말을 해서 의욕을 꺾지 말아야 합니다. 아이가 잘하지 못하는 것은 놀이의 선택이 잘못된 것일 수 있습니다. 필요하다면 나중에 해 보게 하면 됩니다. 잘하던 아이가 제대로 하려고 하지 않는다면 일시적으로 싫증이 나서 그럴 수도 있습니다.

어른은 자신의 선택에 문제는 없는지 스스로 질문을 하면서, 어른 스스로의 삶이나 태도, 철학을 발달시켜야 합니다.

마리아 몬테소리가 한 말을 기억합시다.

아이가 어른을 만든다. 아이들은 우리의 모든 실수를 제거하기도 하고 영원히 새기게 하기도 하며, 인간의 성숙한 삶을 완성하는 귀한 열매다. 아이를 대하는 것은 가장 여린 것, 과거의 뿌리에서 영원으로 이어지는 것, 모든 것을 새롭게 다시 시작할 수 있는 것을 대하는 것이다. 아이를 위해 일하는 것은 아이를 살리는 경이로운 일이며 인류의 비밀을 알아 가는 것과 같다.

부록

운동신경을 길러 주는 놀잇감들

토폰치노

● 적정 연령 : 신생아부터

토폰치노Topponcino는 작은 신생아용 매트리스(요)입니다. 면으로 만들어 유연하고 커버를 갈아 끼우기 쉽습니다. 모양은 타원형으로 신생아를 감싸 안기에 편리합니다. 특히 아기의 머리를 지탱할 수 있고, 팔로 편안하게 안을 수 있어서 부모나 주위 사람이 편안하고 안전하게 아기를 돌볼 수 있습니다.

아기는 토폰치노 안에 있으면 익숙한 냄새와 온도로 인해 장소가 어디든지 편안함을 느낍니다. 토폰치노로 아기를 감싸면 팔로 안고 있다가 침대로 옮겨도 아기가 깨지 않습니다.

놀이매트

- 적정 연령 : 신생아부터
- 준비물
  - 여러 가지 다른 소재로 된 1.2×1.2미터 크기의 매트(거칠거칠하거나, 매끈하거나, 반들반들한 소재 등)

방법

1 아기의 '놀이 공간'에 놀이매트를 놓습니다. 가장 이상적인 것은 놀이매트 옆에 거울을 두고, 벽에는 낮은 선반을 달아서 방울, 공, 책 등을 놓을 수 있게 하는 것입니다.

2 아기의 운동신경 발달을 위해 나무로 된 지지대를 달아 줄 수도 있습니다.

3 아기를 가능한 한 자주 놀이매트에 눕히되, 이때 양말을 벗은 맨발이면 좋습니다. 이를 통해 발로 서로 다른 천의 질감을 느낄 수 있고, 자신의 몸 각 부분들에 대해 인지할 수 있기 때문입니다.

4 아기를 잘 관찰할 수 있도록 옆에 있어 줍니다.

5 아기가 스스로 뒤집고 구를 줄 알게 되면 장난감을 손에 가져다 주면서 놀게 하고, 거울을 통해 자신을 보게 합니다. 물건을 지탱한 채 일어설 정도가 되면 나무 바를 잡고 서게 할 수 있습니다.

TIP

면, 극세사, 인조가죽, 벨벳 등 여러 종류의 천을 준비하되 서로 조화를 이루어야 합니다. 매트에는 작은 리본이나 방울같이 아기가 손으로 잡을 만한 것이 있으면 좋습니다. 다만 위험하지 않아야 합니다.

삼각 지지대

● 적정 연령 : 신생아부터

나무로 된 삼각 지지대는 아기가 있는 가정에서 필수적인 준비물입니다. 이것은 여러 장난감을 원하는 높이에 달 수 있습니다. 아기는 양가죽의 푹신하고 부드러운 매트에 눕혀서 지지대 아래에 놓습니다.

장난감을 달 때는 천연 소재의 것을 다는 것이 좋습니다. 위험한 것은 피하고, 환경을 위해 플라스틱 재료도 되도록 쓰지 않습니다. 장난감을 통해 아기의 근육을 자극하고, 인과관계를 인지해 지적 능력을 일깨웁니다. 또한 손과 눈을 사용하는 방법도 알게 합니다.

아기는 이 공간에서 행복함을 느낄 것입니다. 하지만 아기를 이곳에 눕혀 놓고 보이지 않는 곳에 가 있으면 안 됩니다. 그러면 아기가 버려졌다는 불안함을 느끼고, 여기서 노는 것을 싫어하게 됩니다.

지지대는 아주 튼튼해야 합니다. 아기는 생각보다 힘이 세기 때문입니다. 지지대에 매단 장난감은 나무 고리, 양모로 만든 방울, 고무공 등으로 되도록이면 자주 바꾸어 주는 것이 좋습니다.

신생아일 때는 장난감을 흑백으로 시작하고, 이어서 3가지 색깔 정도로 늘리며, 점차적으로 색을 늘려 갑니다.

거울과 지지대

● 적정 연령 : 신생아부터

몬테소리 교육뿐만 아니라 아이의 심리적 측면에도 거울은 중요한 역할을 합니다.

거울은 직사각형이고 장식이 거의 없는 것을 아이의 요람이나 놀이 매트 근처에 길게 놓도록 합니다. 거울은 바닥 쪽에 가로로 놓으며, 안전하게 고정해야 합니다. 장난감이 거울로 던져지면 위험할 수 있으므로 거울 근처에는 무겁거나 위험한 물건을 두지 않습니다.

특히 거울은 아기가 뒤집기를 익힐 때 중요한 역할을 합니다. 뒤집기를 하면서 자기 모습을 아기가 거울로 볼 수 있기 때문입니다. 아기는 거울 쪽으로 기어가면서 거울에 비친 자기 얼굴을 만져 보거나, 핥아 보기도 하고, 차가움을 느끼기도 할 것입니다.

거울은 시각 발달에만 도움을 주는 것이 아닙니다. 거울을 통해 주변에서 일어나는 일들이나 자기가 살고 있는 환경에 대해서도 배우게 됩니다. 이는 아기의 시각이 발달하면서 시야가 넓어지고 이해력도 자라게 되는 것입니다. 어린이집에서는 거울을 통해 다른 아기들을 보면서 웃어 보이기도 할 것입니다. 또 거울에 비친 자기 얼굴을 보면서 감정에 대해서 배우게 됩니다.

거울은 빛을 반사하기 때문에 직사광선이 들어와 거울에 반사되어 아이의 눈에 해롭지 않도록 각도를 잘 조절해 줍니다.

또한 거울 앞에는 지지대를 설치해 주는 것이 중요합니다. 이는 아기가 서는 것을 연습하면서 팔 근육을 키우고, 균형 감각을 발달시키는 데 도움을 줍니다. 아기가 일어섰다가 앉을 때 다치지 않도록 매트는 충분히 푹신한 것을 놓습니다.

아기가 지지대를 잡고 가로 세로로 움직이면서 자기의 모습을 볼 수 있도록 거울의 크기는 큰 것이 좋습니다. 그리고 아기가 스스로 앉을 수 있게 되면 작고 안전한 거울을 손에 쥐어 주면서 자신의 몸을 부분적으로 볼 수 있도록 해 줍니다.

어린이집이나 유치원에서도 아이들이 스스로 볼 수 있도록 거울을 설치해야 하고, 가정에서는 특히 세면대 위에 거울이 꼭 있어서 아이가 세수를 하거나 이를 닦을 때 자신의 모습을 볼 수 있어야 합니다.

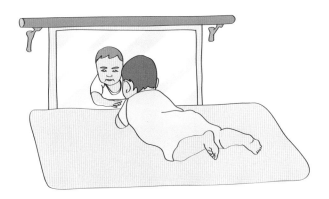

카트

● 적정 연령 : 10개월부터

아기가 물건을 담고 밀면서 가지고 노는 카트는 아주 튼튼하고, 아기가 잡고 흔들어도 흔들리지 않도록 아기의 몸무게보다 무거워야 합니다. 특히 걸음마를 배우기 전의 아기는 이 카트를 잡고 걷는 연습을 할 수 있습니다.

카트는 아기의 노력에 따라 움직이게 되므로 참을성과 의지, 성취의 기쁨을 느낄 수 있어 유아 정서 발달에 좋습니다. 아기들은 카트 안에 자기의 장난감들을 집어 넣고 끌고 돌아다니며 즐거움을 느낍니다.

걸음마 전의 아기들의 성장 정도와 필요성에 따라 목적에 맞는 카트를 고르도록 합니다.

집에서 하는 몬테소리 놀이 150

2판 1쇄 발행 2022년 2월 10일
2판 2쇄 발행 2024년 1월 10일

지은이 실비 데스클레브, 노에미 데스클레브
옮긴이 안광순
펴낸이 이윤규

펴낸곳 유아이북스
출판등록 2012년 4월 2일
주소 서울시 용산구 효창원로 64길 6
전화 (02) 704-2521
팩스 (02) 715-3536
이메일 uibooks@uibooks.co.kr

ISBN 979-11-6322-069-5 03370
값 17,000원